21世纪应用型经管系列规划教材

经济学概论

主　编　侯荣新　孔祥健
副主编　章　磷　王　猛　纪　旭　陈守强　王兵林
主　审　王静梅

北京航空航天大学出版社

内容简介

本书是根据教育部“高等学校面向21世纪经济管理系列课程教学内容与课程体系改革研究”项目中提出的教学基本要求进行编写的。

本书以西方经济学为主要内容，共分12章，着重强调供给需求理论和国家经济政策调控对经济运行的影响。具体内容包括：导论、需求与供给、消费者行为、生产者行为理论、成本与收益、市场理论、分配理论、市场失灵与政府干预、国民收入决定、失业与通货膨胀、经济增长和经济周期、宏观经济政策。任课教师可根据各校的教学情况进行取舍，各章后附有适量的复习思考题，便于学生对所学知识的巩固。

本书可作为本科和专科院校、高等职业学院、中职中专院校、成人教育学院经管类专业教材，也可供开设本课程的其他专业作为教材。此外，本书还可作为相关教学改革试点专业的参考书。

图书在版编目(CIP)数据

经济学概论/侯荣新，孔祥键主编. —北京：北京航空航天大学出版社，2007.6

(21世纪应用型经管系列规划教材)

ISBN 978-7-81124-038-2

Ⅰ.经… Ⅱ.①侯…②孔… Ⅲ.经济学—高等学校—教材 Ⅳ.F0

中国版本图书馆CIP数据核字(2007)第068874号

经济学概论

主　编　侯荣新　孔祥健

副主编　章　磷　王　猛　纪　旭　陈守强　王兵林

主　审　王静梅

责任编辑　王　鹏

*

北京航空航天大学出版社出版发行

北京市海淀区学院路37号(100083)　发行部电话:010-82317024　传真:010-82328026

http://www.buaapress.com.cn　E-mail:bhpress@263.net

涿州市新华印刷有限公司印装　各地书店经销

*

开本:787mm×960mm　1/16　印张:10.75　字数:241千字

2007年6月第1版　2012年1月第3次印刷　印数:7 001~9 000册

ISBN 978-7-81124-038-2　定价:19.50元

“21世纪应用型经管系列规划教材”

编 委 会

前　言

本书是根据教育部“高等学校面向21世纪经济管理系列课程教学内容与课程体系改革研究”项目中提出的应达到的教学基本要求进行编写的，是“21世纪应用型经管系列规划教材”中的一本。

本书以西方经济学为主要内容，共分12章，着重强调供给需求理论和国家经济政策调控对经济运行的影响。任课教师可根据各校的教学情况进行取舍，各章后附有适量的复习思考题，便于学生对所学知识的巩固。

本书的编写特点如下：

1. 根据本课程实践性很强的特点，书中在注重理论知识的同时将实习与实验内容合并在一起，内容体系不同于以前的同类教材，本教材既可以在课堂上讲授也可以用在实训指导中。

2. 紧密结合教学基本要求，教材内容精炼、重点突出，取材力求更新，对传统的教学内容进行了必要的调整和增删。

3. 侧重应用理论和应用技术，强调知识的应用性，具有较强的针对性。

本书第1、2章由鸡西大学侯荣新老师负责编写，第3～6章由平顶山学院孔祥健老师负责编写，第7～9章由黑龙江八一农垦大学章磷老师负责编写，第10～12章由辽宁科技学院王猛老师负责编写。在本书成稿过程中，石家庄外经贸职业学院的王兵林主任给予了很多有益的建议，统稿及主审工作由鸡西大学王静梅老师负责，同时对鸡西大学纪旭老师和陈守强老师等人在资料收集整理和校对过程中所作的工作表示感谢。

在整个编写过程中，我们参阅了相关教材及有关资料、技术标准等，在此恕不一一列举，谨致以衷心的谢意。

本书可作为本科和专科院校、高等职业学院、中职中专院校、成人教育学院经管类专业教材，也可供开设本课程的其他专业作为教材使用。此外，本书还可作为相关教学改革试点专业的参考书。

由于编者水平有限且时间仓促，书中难免有不足之处，恳请读者批评指正。

编者

2007年3月

目 录

第1章 导 论

第2章 需求与供给

第5章　成本与收益

第6章　市场理论

第 10 章 失业与通货膨胀

第 11 章 经济增长和经济周期

第 12 章 宏观经济政策

第1章 导 论

1.1 经济学的主要内容

西方经济学是一门内容相当丰富、发展非常迅速的学科。就内容看，它可以泛指与经济问题有关的，至少应包括有三种类别的各种不同的文献、资料和统计报告：第一类是企业的经营管理方法和经验，它着重于运用运筹学、数理统计学等方法来研究和总结企业营运的经验；第二类是对一个经济部门、领域或重大问题进行集中研究而形成的运用经济学，比如资源经济学、旅游经济学、石油经济学等；第三类是纯经济理论的研究成果，如微观经济学、宏观经济学、数理经济学、动态经济学、福利经济学、经济思想史等。本书只限于研究理论经济学中的微观经济学和宏观经济学，它构成了西方院校所讲授的经济学概论课程的基本内容，是当代西方经济学中最基本，也是最重要的部分。

就西方经济学的发展看，经济学作为学术上的一门独立学科，只有200多年的历史。但是从亚当·斯密1776年发表《国富论》为经济学奠定基础，直到现在的200多年中，西方经济学已经经历了六次在理论学术观点上的重大的革命性改变，它们是：亚当·斯密对重商主义的革命、边际革命、凯恩斯革命、货币学派的反凯恩斯革命、斯拉法革命和理性预期革命。在资本主义发展的不同历史时期，除占据主导地位的经济学派之外，还有其他各种非主流经济学派存在。所以，在不同历史时期，不同经济学派之间的经济理论，存在着很大差异。本书作为经济学概论性教科书，尽量注意了内容的规范性。我们采用了近年来西方教科书流行的结合或综合形式，包容了一些重要学派的见解，并着重对当代的流行理论进行解说，集中分析当代西方经济中的主要经济问题和政策主张，不强调和较少涉及各流派之间的争论，也较少回顾经济理论的演变发展过程。

我国的经济性质属于社会主义市场经济，在学习西方经济学的过程中要注意经济的社会主义特色，正确理解经济与政治之间的关系——经济基础决定上层建筑，同时上层建筑会反作用于经济基础，起到调控的作用，即只有经济稳定发展，才会带来安定团结的政治局面；而安定团结的政治管理与宏观调控会促进经济的良性运行。

1.1.1 经济学的定义

当代西方经济学家一般认为：经济学是研究经济资源充分利用和合理配置问题的科学。经济资源是指对人有效用而且又具有稀缺性的资源。有效用而不具有稀缺性的资源是自由取用之物。稀缺性的标志是价格，价格不为零的有效用的资源就是稀缺性资源。在西方经济学看来，劳动、资本、土地、管理、技术都是稀缺资源，这不仅因为它们对人们有效用，而且因为人们要获得它们就必须支付相应的价格：工资、利息、租金和利润。现有的经济资源总量是有限的，现有的可利用的技术是一定的，因此经济资源投入而可能获得的产出也是有限的，人们所能获得的需求的满足程度当然也是有限的。但是，在另一方面，人们的需要总是无限的。生存、舒适、奢侈等需要的层次会逐步向上发展，且种类无限，这是人类社会进步的标志。人类无法摆脱并始终面临着需要的无限性和满足需要的有限性这个最根本的经济问题，而且绝不可能最终解决这个问题。人们面对这一根本的经济难题所能做的是如何去做出合理的选择，使经济资源得到充分利用和合理配置，来实现节省或效率，使产出达到最大，使人们的需要获得最大程度的满足，使社会经济福利达到最大。就此而言，如何充分利用和合理配置经济资源而实现节省或效率，既是经济学要研究的永恒课题，也是经济学家永远也无法完全解决的中心课题。

节省或效率是通过选择来实现的。因为资源具有稀缺性，所以选择是必要的。就此而言，经济学又是一门以科学的观点来研究社会的选择问题的科学，它对社会经济的选择问题进行系统的探索。它研究社会中的个人、厂商、政府和其他组织是如何进行选择的，这些选择又是怎样决定了社会资源的利用和配置的。

1.1.2 微观经济学与宏观经济学

经济学有两大分支：微观经济学与宏观经济学。

1. 微观经济学

微观经济学以个别经济单位为研究对象。个别经济单位是指所有参与社会经济运行的个人或实体，它包括消费者、工人、投资者、土地所有者、厂商等。微观经济学是研究个别经济单位的决策行为以及市场体系如何对稀缺资源进行配置的科学。微观经济学通过对个别经济单位决策行为的研究，来描述现代市场经济的运行机制和作用，说明市场配置经济资源的过程、效率及其失灵，寻求改善效率、弥补缺陷的途径。市场机制就是价格机制，价格分析是微观经济学的核心，因而微观经济学又被一些经济学家称为价格理论。

微观经济学的内容实际上包括三个部分：一是考察消费者和生产者、个别产品的需求与供给如何相互作用并共同决定个别产品的数量和价格，这部分是个别产品市场的价格、产量决定理论；二是要素市场的价格决定理论，它考察要素所有者（居民户）与要素使用者（厂商）、个别要素的供给与需求双方如何相互作用并共同决定要素的价格（工资、利息与地租）；三是以个别经济单位的行为为出发点，把全部社会经济活动作为考察内容。

2. 宏观经济学

宏观经济学考察整体的经济行为及其后果，即经济运行的整体，故又称为总量经济学。宏观经济学集中研究经济繁荣与衰退、通货膨胀与失业、长期的经济增长与短期的经济波动、国际收支和汇率变动这些主要经济问题，并建立理论模型，用于经济预测和决策。

现代宏观经济学作为一门独立的经济学分支，正式形成于1936年凯恩斯出版《就业、利息和货币通论》之后。在20世纪30年代以前，传统的经济理论比较忽视宏观分析，而强调微观分析，依据萨伊定律，以充分就业为假定，认为偏离充分就业和出现经济危机只是一种例外的暂时的现象。从这种基本观点出发，经济危机和失业问题并未引起他们的广泛关注和深入研究。由于19世纪上半叶，严重的或长期的萧条相对来说还很少，这就支持了传统经济学的信念。但20世纪30年代的大危机，使传统经济学破产。凯恩斯的《就业、利息和货币通论》对20世纪30年代的大灾难提供了系统的理论解释，批判了萨伊定律，为政府干预和调节经济的政策提供了理论依据。凯恩斯学说的中心内容是国民收入决定理论。按照凯恩斯主义经济学的解释，总需求决定国民收入，总需求不足会导致生产下降，失业增加；总需求过度则会出现通货膨胀。因此，政府应当采取财政政策和货币政策来减少失业、稳定物价，并促进经济增长。由于宏观经济学的主要课题是研究国民收入的决定、波动和增长原因，所以又称为现代收入理论。

政府是否能够，并且应该干预经济以改善其运行效率呢？对此，理论界存在严重的分歧和激烈的争论。宏观经济学长期以来存在着两个主要的思想流派：一个思想流派信奉自由放任的自由主义；另一个思想流派信奉政府干预，认为政府干预对改善经济运行具有重要意义。在20世纪70年代以前，前者以弗里德曼为代表的货币主义为首，后者以凯恩斯主义为首。到了20世纪70年代以后，货币主义为新古典宏观经济学所取代，作为对立面的另一派则是第三代的新凯恩斯主义者。这两个对立的思想派别的每一代都展开激烈的论战。论战是围绕着宏观经济学的主要问题展开的，其中心问题是：在每一个主要经济问题上，政府是否能够，而且应该做什么，以及怎样做才是最好的。这些观点、理论和政策上的分歧、冲突，以及论战对政界和宣传媒介关于经济政策的讨论产生了强烈影响。作为一本初级教程，本书并不强调分歧和论战，而是集中于实实在在地讨论上述这些主要宏观经济问题，有选择地对比较流行的观点、理论和政策加以介绍。

微观经济学和宏观经济学之间的根本区别是研究的重点和阐述方法存在着差别。它们探讨不同的问题,所以有时也采用相当不同的方法。微观经济学研究个别经济单位的经济行为,着眼于生产者行为、消费者行为、个别商品市场及行业的研究,采取个量分析方法。在微观分析中,通常需要假定经济总量是给定的,比如总收入、物价水平是给定的,然后分析消费者如何将他们的收入分配在不同商品的购买支出上,以及分析不同行业之间商品的相对价格的变化。宏观经济学研究的是社会整体的经济行为,着眼于对事关全局的主要经济问题的分析。它采取总量分析方法,侧重研究主要经济总量及其总量之间的函数关系。在宏观分析中,通常需要忽视经济总量在不同行业内的配置以及变化,比如忽视行业间相对价格的变化,忽视总收入分配在不同商品购买支出上的变化,而只把总收入、物价水平这些总量作为分析的关键变量。再者,个别经济单位的经济行为原则和经济总体的经济行为原则也是不同的。不能简单地认为总体是个体的总和,总体行为原则就等同于个体行为原则之和,否则就会犯“合成的谬误”。比如,节俭是个人的美德,但如果整个社会节俭成风就会导致消费不足,引发经济衰退;个人涨工资增加收入是好事,但如果社会平均工资上升就会导致成本推进,结果会发生通货膨胀和失业增加。

不过近年来,宏观经济学和微观经济学的界限越来越模糊了,这是因为宏观经济学同样也涉及了对市场的分析,比如对商品和服务市场、劳动力市场、企业债券市场的分析等。对这些市场进行分析,研究这些市场是如何运行的,又必须首先研究和了解厂商、消费者、工人以及投资者的行为——正是这些个别经济单位组成了这些市场。所以,宏观经济学家越来越关注总体经济现象的微观经济分析,致力于建立相互贯通、彼此协调一致的宏观经济学的微观经济学基础。

1.2 西方经济学的研究对象

1.2.1 稀缺性

人类社会历史发展的动力可以从若干不同的角度加以考察,从而得出不同的看法,但不管在这一问题上的分歧有多大,无可否认的是,“需要”是人类杜会发展永不衰竭的原动力之一。诚如亚当·斯密在其《国富论》中所言:人们对自己的状况,一生一世从不会感到完全满意——不求进取,不想改良,相反,总会在不满的驱动下不断进取,不断改良,使自己过得越来越好。就人类整体动态的角度看,需要具有多样性与无限性。需要的多样性是指人类的需要具有层次性,使得相对应的需要对象就具有多种类型。需要的无限性指人类同一类需要的数量从动态上看具有无止境性,即所谓“欲望无穷”。从一定意义上说,人类需要的多样性与无限性具有“公理性”。如果承认这种公理性,那么人类的需要就难以充分地满足。因为,相对于人类需要的多样性与无限性而言，满足人需要的客观对象又总是有限的，这种有限性的对象被称为经济资源。

经济资源的基本特征就是稀缺性——相对于人的需要来说具有有限性。从静态看，根据市场经济制度的安排，凡是稀缺性资源的使用都必须支付一定成本，比如对土地的拥有和使用、对矿山和森林的开采等。而那些不具有稀缺性的资源被称为“自由物品”。自由物品的基本特征是不需要支付任何成本就能获得其占有权和使用权，如空气等。由于世界上的绝大多数资源都具有稀缺性，使得人的需要不可能百分之百的充分满足，也就使得稀缺性资源比“自由物品”宝贵。稀缺程度越高，人们就越珍爱，这就是所谓“物以稀为贵”。

1.2.2 机会成本

由于资源的稀缺性，在一定的时期内，可供人们选择和使用的资源总是一个常量。人们用这一常量资源生产不同的产品，就涉及到产品的选择优势。为比较这一优势，西方经济学家提出了机会成本和生产可能性曲线的概念。

机会成本(opportunity cost)是以一定的代价从事某项经济活动所必须放弃的以这同一代价从事另一项经济活动所带来的利益。那么，实际上被放弃的经济行为可带来的利益就是实际的经济行为的机会成本。机会成本是一个广泛的概念，它适用于社会生产、消费、交换乃至于政府宏观政策目标的选择等各个方面。

某消费者用2000元既可以购买一台电视机，也可以购买一台冰箱。如果他选择了前者，那么冰箱就是电视机的机会成本；如果他选择了后者，那么电视机就是冰箱的机会成本。政府增加税收，其机会成本就是纳税人被迫减少消费和投资数量，从而使整个社会消费下降，生产萎缩，失业增加。

可见，在任何经济活动中，都普遍存在机会成本问题，都要求人们在各种可能的方案中做出正确合理的选择。西方经济学认为，合理选择的原则和目标就是实现机会成本最小。

1.2.3 生产可能性曲线

生产可能性曲线(production possibility curve)是指一个社会用其全部资源和当时最好的技术所能生产的各种产品的最大可能产量的组合点的曲线。它是与机会成本概念密切相关的一个概念。假定一个社会的资源、人口和技术状况已定，为满足社会各方面的需要，它要把所有的经济资源分配到各种可能生产的不同产品和劳务中去。为了简单起见，假定这个社会用既定的经济资源和生产技术只能生产投资品和消费品两种产品，其生产组合如表1-1所列。社会普遍面临的稀缺性和人们的选择行为可用生产可能性曲线表示。

表 1-1　某社会生产可能性表　　　　/亿单位

组　合	投资品	消费品	组　合	投资品	消费品
A	0	15	*D*	2	12
B	4	5	*E*	1	14
C	3	9	*F*	5	0

表 1-1 说明这个杜会生产的各种可能性。当把全部经济资源都用来生产投资品时，可生产 5 亿单位，此时消费品的产出为零；当开始生产消费品时，比如生产 5 亿单位，这时必须放弃一部分原先进行投资品生产的资源，因而投资品的产出减少，例如由 5 亿单位减少到 4 亿单位。如果继续增加消费品的生产，则必须减少投资品的生产，如当消费品的产出为 9 亿单位时，投资品的产出为 3 亿单位。以此类推，当社会把全部经济资源都用来生产消费品时，可生产 15 亿单位，而投资品的产出则为零。

将表 1-1 中的各组数值的交点列入坐标，并将各点连接起来，便可得到一条曲线。这条曲线就叫做“生产可能性曲线”。它显示出一个社会在既定的经济资源和生产技术条件下，生产所能达到的最高界限或边界，又称“生产可能性边界”。如图 1-1 所示。

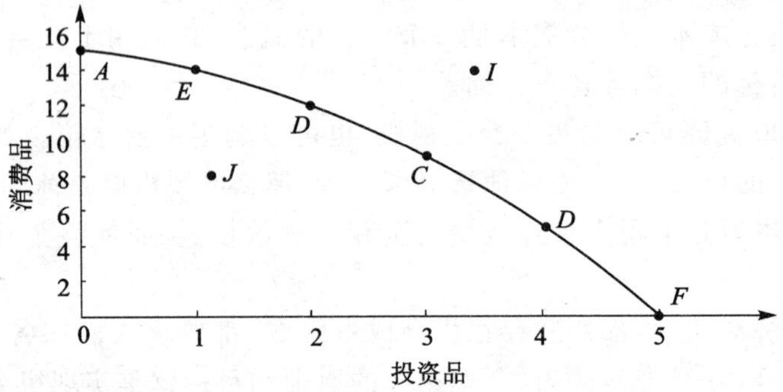

图 1-1　生产可能性曲线

图 1-1 中横轴表示投资品量，纵轴表示消费品量，曲线 *AF* 表示生产可能性曲线。这里假设生产资源可无限细分，产出的投资品和消费品也可无限细分。这样形成的生产可能性曲线是一条平滑的曲线。图 1-1 中 *AF* 线上的所有点，都表示当社会资源全部用完时可以达到的产出组合的各种可能。*AF* 曲线之外各点，如 *I* 点所表示的生产水平，是这个国家现有的经济资源和技术水平无法达到的；在 *AF* 曲线之内各点，如 *J* 点所表示的生产水平，是这个国家此时的生产能力没有充分发挥出来的生产组合。

1.2.4 资源配置

1. 生产什么(what)

生产什么,生产多少,是指社会必须决定应当生产哪些商品,以及产量是多少。这也就是社会资源的配置问题。一种经济资源可有多种用途,有多种组合,通称为机会集合。但由于资源有限,用于生产某种产品的资源多一些,用于生产另一种产品的资源就会少一些。同时由于各国资源禀赋不同,生产什么,生产多少,都有其不同的最优组合。但人们必须作出选择:用多少资源生产某一种产品,用多少资源生产其他产品。美国经济学家萨缪尔森认为,在市场经济中,"生产什么、生产多少的问题是由消费者的货币选票决定的"。从单个企业的角度来看,通常情况下企业追求的是利润,只要有生产能力并有利可图,对于生产什么、生产多少这个问题来说,企业的选择是消费者需要什么就生产什么,需要多少就生产多少。一件商品是在销售给消费者的那一瞬间实现了商品本身的价值,而不是消费者在将它用掉的时候才实现价值的,所以企业生产的目的是为了销售而不是消费。但是,从社会总体需求的角度来看,生产什么、生产多少这个问题需要考虑当前社会的总体需求与长远利益、局部需求与全局利益、个体需求与整体利益等各方面的矛盾,这就需要国家通过宏观调控进行资源优化配置。

2. 怎样生产(how)

如何生产主要是指生产方式的选择,包括由谁来生产(如谁去打猎、谁去钓鱼),使用什么资源(如用热力还是水利或是原子能发电),采用何种技术、工艺、方法等(如大规模生产还是小规模生产、机器生产还是手工生产等)。

一般来说,一种产品根据其产量、质量、技术水准、材料、工艺、效率和收益等方面可以采取不同的形式和方法。不同的生产方法和资源组合是可以相互替代的。同一种产品的生产可以采用不同的资源组合(如劳动密集型方法、资本密集型方法、技术密集型方法)。增加一种产品的产量,可以通过扩大外延的粗放方式,也可以通过增加内涵的集约方式。同样的产品在确定具体的生产手段时,往往需要统筹考虑,争取尽可能好的经济和社会效益。实践表明,由于技术不同,一定投入的生产效率可以相差几倍,甚至几十倍。在现代化生产中,技术进步是决定性因素,发达国家的经济增长有50%～80%是来自技术进步。

3. 为谁生产(for whom)

无论生产什么和怎么生产,都有一个为谁生产的问题。为谁生产,确切地来说就是如何进行产品分配的问题。它是指生产出来的产品和劳务如何分配给社会的各个集团和个人,即谁来享受经济活动的成果问题。比如企业经理、运动员、工人、公务员和资本所有者,谁应当得到高收入,社会应该给穷人提供最低消费,还是遵循不劳动者不得食的原则。产品如何在人们之间进行分配，根据什么原则，采用什么机制进行分配，分配的数量界限如何把握等。这里既有产品的分配，也有社会经济成果的分享，是收入、财富的分配问题。

在市场经济条件下，商品的分配是由市场所形成的价格机制来进行指挥的。正如英国经济学家亚当·斯密在《国富论》中所说的："我们的晚餐并非来自屠宰商、酿酒师和面包师的恩惠，而是来自他们对自身利益的关切。""每个人都力图利用好他的资本，……。他所追求的仅仅是他个人的利益和所得。但在他这样做的时候，有一只看不见的手在引导着他去帮助实现另一种目的，这种目标并非是他本意所要追求的东西。通过追逐个人利益，他经常增进社会利益，其效果比他真的想促成社会利益时所能够得到的那一种要更好。"

4. 何时生产(when)

何时生产是指经济资源利用的时间配置，也就是发展计划问题。正是因为一国经济资源有限，绝不能"今朝有酒今朝醉"，而必须做好动态规划，达到可持续发展的目的。例如，中国海上石油资源丰富，但开采需要资金和技术。如果我们充分利用外资，"有水快流"，虽然可以马上得到工业化急需的石油，但根据合同有一半产量必须分给外国；如果我们一味自力更生，等具备条件再开采，全部原油固然可以自己利用，但却会延缓工业化的进程。从子孙后代的长远利益出发，海上油田应当选择何种开发战略？现在提出了"科学发展观"、"循环经济"等概念。

5. 谁做决策(who)

生产什么、怎么生产、为谁生产、何时生产这四个问题，究竟由谁来做出经济决策，以什么样的程序做出决策？这是经济体制问题。所谓的经济体制就是用来就某一地区或一个国家的生产、投入和消费作出决定，并实施和完成这些决定的一整套的机制和组织机构。迄今为止，人类历史上存在过三种经济体制，即由政府决策为主的计划经济(集中决策的经济制度)、由个体决策为主的市场经济(分散决策的经济制度)和个体决策与政府决策相结合的混合经济(分散决策与集中决策相结合的经济制度)。

在计划经济体制下，有关投资、生产、分配、消费的决策都是由中央计划机构在宏观水平上作出的。中央计划机构直接或间接地(通过其分支机构)把各种生产指令下达到成千上万个企业。这些指令对怎样使用劳动力、资本等各种生产要素和生产多少数量的各种产品，作出十分详细的规定，所有企业都必须遵循这些指令进行生产活动。在这一计划协调的过程中，中央计划机构也设计出一些适当的刺激措施来促使企业更好地贯彻各种计划指令。同时，中央计划机构也通过各种计划指令和分配方式，把消费品分配到各家各户。

总之，在计划经济体制中，计划是资源配置最重要的方式，甚至是唯一发挥作用的方式。在市场经济体制下，市场提供了促使各种经济主体(企业和居民)做出资源利用决策的信息，协调了不同经济主体之间的活动。在市场经济活动中，一方面，企业必须了解消费者需要的产品和劳务，也必须知道生产这些产品所需要的技术和各种生产要素以及自身所具备的生产能力；另一方面，居民也必须了解他们在提供各种生产要素时所能获得的收入，知道各种产品的市场价格和能够获得各种产品的地方。因此，在市场经济中，企业和居民都必须依靠从市场上得到的各种信息做出生产和消费决策，市场是资源配置的最重要的方式。当然，市场经济的一个非常重要的前提是财产权利的界定，而国家在保护合法的财产权利方面起着无可替代的作用。

历史已经证明市场经济在解决资源配置问题上是一种比较有效率的经济体制。但是，在任何一种现代化的市场经济中，都离不开政府的调节，政府在宏观经济运行、保护公平竞争、促进收入的公平分配、提供公共产品等许多经济活动领域，都发挥着十分重要的作用。即使是个体决策与政府决策相结合的混合经济，其基本特征也是市场调节活动，政府负责来校正市场偏差。

上述五个基本经济问题既互相联系，又互相区别，构成了人类经济社会选择的基本内容。从本质上看，“生产什么，生产多少”决定着“怎么生产”、“为谁生产”和“何时生产”。同时，“怎么生产”、“为谁生产”和“何时生产”又反过来影响着“生产什么，生产多少”，这四个问题又都是由“谁做决策”决定的。可见，上述五个基本问题的有效解决依赖于人类社会对稀缺经济资源进行科学合理的配置。

1.2.5　资源利用

在现实社会中，人类社会往往还面临着这样一种矛盾：一方面资源是稀缺的，另一方面稀缺的资源还得不到充分利用。资源利用就是人类社会如何更好地利用现有的稀缺资源，生产出更多的物品。它要回答以下三个问题：

① 充分就业问题。资源是否得到充分利用，是否存在资源的闲置和浪费现象，也就是说如何使资源得到充分利用，从而使产量达到最大，这就是一般所说的充分就业问题。

② 货币的购买力问题。货币购买力的变动影响着资源的配置与利用。比如购买力下降，一年前 10 元钱买 1 千克肉，现在只能买 0.5 千克，这必然影响肉的产量。因此，经济学要研究货币购买力问题，即一般所说的通货膨胀问题。

③ 经济波动与经济增长问题。一国经济为什么会发生波动？即资源没变，但产量却时高时低。与此相关的是如何使产量持续增长，即一般所说的经济波动与经济增长问题。

1.3　西方经济学的研究方法

经济学使用一定的方法来研究资源配置和资源利用问题。其中最基本的方法就是实证分析法和规范分析法。经济学家根据研究方法的不同把经济学分为实证经济学和规范经济学。

1.3.1 实证经济学和规范经济学的定义

实证经济学企图超脱或排斥一切价值判断，只研究经济本身的内在规律，并根据这些规律，分析和预测人们经济行为的效果。他要回答“是什么”的问题。

规范经济学以一定的价值判断为基础，提出某些标准作为分析处理经济问题的标准，树立经济理论的前提及制定经济政策的依据，并研究如何才能符合这些标准。他要回答“应该是什么”的问题。

西方经济学中所说的价值判断中的价值，不是商品价值那种意义上的价值，而是指经济事物的社会价值，即是“好事”还是“坏事”的问题。所谓价值判断，就是指判断某一个经济事物是好还是坏，对社会有益还是有害。可以举一个例子：对经济增长问题，如果说明经济是怎样增长的，经济为什么增长，这是实证经济学的课题。假定生产技术条件不变，那么增加多少投资，可以达到多大百分比的年经济增长率；或者减少多少投资，年经济增长率就会下降到百分之几，这些都是实证的研究。至于说究竟国民年收入中有多少的比重用于投资是最合适的，究竟多大的年经济增长率是较妥的，这就涉及对投资本身和对经济增长本身的社会评价问题了，实证经济学不讨论这个问题，这是规范经济学的课题。由于人们的立场观点不同，伦理道德观念不同，对同一经济现象的价值判断就迥然不同。

本书介绍的微观经济学和宏观经济学的基本内容都属于实证经济学。

1.3.2 实证分析方法

运用实证分析方法研究经济问题就是要形成一套理论，所以，实证分析方法也就是形成理论的方法。

1. 理论的组成

一个完整的理论包括定义、假设、假说和预测。

① 定义是对经济学所研究的各种变量所规定的明确的定义。变量也就是一些可以取不同数值的量。经济学中常用的变量分为内生变量和外生变量，以及存量及流量。内生变量是“一种理论内所要解释的变量”。外生变量是“一种理论内影响其他变量，但本身由理论外的因素所决定的变量”。这里要注意的是，内生变量和外生变量的区分取决于理论所作的假设，即在所涉及的问题中，哪些是假定为不变的，哪些是理论所要解释的。存量是指一定时点上存在的变量数值。流量指一定时期内发生的变量的数值。前一种是静态意义的变量，后一种是动态意义上的变量。

② 假设是某一种理论所适用的条件。在理论中的表述为“假设其他条件不变”，或其他类

似语句。任何理论的正确性都有一定的条件，即任何理论都有一定适用范围。

③ 假说是对两个或更多的经济变量之间关系的阐述，也就是未经证明的理论。这里要注意，假说并不是空想出来的，而是从对某些现象的观察中归纳出来的。但这种经验的归纳是否具有普遍意义，能否成为理论，并不能仅仅用经验来证明，所以称为假说。

④ 预测是根据假说对未来进行预测。

2. 实证分析工具

经济学中运用实证分析方法分析经济问题形成理论时，运用了各种分析工具。下面主要介绍几种常用的工具。

(1) 均衡分析

均衡是西方经济学从物理学借用的一个概念。在物理学中，均衡是指一个物体在各种力量的作用下处于相对静止或匀速直线运动的一种状态。在经济体系中，一个经济事物处在各种经济力量的相互作用中，如果有关该经济事物各方面的各种力量能够相互制约或者相互抵消，那么该经济事物就会处于一种相对静止的状态，并保持这种状态不变，此时我们称该经济事物处于均衡状态。对经济变量均衡的形成和变动条件的分析，称为均衡分析。

均衡分析分为局部均衡分析和一般均衡分析。局部均衡分析研究的范围只局限于某一市场或某一经济单位的某种商品或某种经济活动，并假定这一商品市场或经济单位与其他市场或经济单位互不影响；或者说我们考察的对象是单独一个消费者、一个商品市场、一家厂商或一个行业的均衡状态。一般均衡分析研究的范围是经济运行整体。它是考察整个经济系统如何实现均衡的分析方法，考虑到了各种商品和要素市场的相互影响。由于一般均衡分析中自变量较多，而且许多变量都是瞬息万变的，因此，这一分析方法非常复杂，所以在西方经济学中大多仍采用局部均衡分析。

均衡分析在西方经济学中处于特别重要的地位，是微观经济学和宏观经济学都使用的分析方法。

(2) 静态分析、比较静态分析和动态分析

静态分析是指分析某一经济变量达到均衡状态所需要具备的条件时，不考虑时间因素和经济变量具体变动的过程的分析方法。它是一种静止地、孤立地考察经济现象的方法。

比较静态分析是比较各种静态分析结果的方法，指均衡条件发生变化以后，对新形成的静态均衡结果与原来的静态均衡结果进行比较的分析方法。比较静态分析比较的只是一个经济变量变动过程的起点和落点，不涉及经济变量变动的时间和具体变动过程本身的情况。

动态分析与静态分析相比，是把经济现象的变化当作连续的过程来看待，主要考虑时间因素对经济变动的影响，即分析各种变量怎样随着时间的变动而相互作用，最终达到一种新的均衡的分析方法。

(3) 边际分析

边际分析法也称为边际增量分析，是指对自变量每加一单位的量值会如何影响和决定因变量的量值所进行的分析。所谓边际是指额外或最后增加的单位。在西方经济学中,边际分析法是经济学家常用的数理和数量方法。以微观经济研究为例,微观经济学中对边际产品、边际收益、边际成本和边际生产力等的分析,就都属于边际分析。例如:生产 20 件产品的成本为 300 元,生产 21 件产品的成本为 305 元,那么增加一单位产品的边际成本为 5 元。新增加的这一单位产品就是边际产品,生产这一单位产品所耗费的成本就是边际成本,由它所带来的收益就是边际收益。边际分析法是将高等数学的微分理论引入经济学的研究,用于解决经济资源的最佳配置问题。边际分析的作用在于:如何在众多的选择方案中选择最佳方案,从而实现其决策的目标。因此,边际分析在西方经济学中被广泛采用。

(4) 经济模型分析

经济模型是经济理论的数学或图像表现。经济模型分析是指研究经济现象时,运用科学的抽象的方法,舍去影响较小的经济变量,从而将复杂多样的经济现象简化为数不多的主要经济变量,并用描述这些经济变量函数关系的一个或一组数学方程式表示它们之间的依存关系的分析方法。经济模型分析是数理和数量分析法,也是西方经济学常采用的方法之一。

[案例分析]

谈谈"如何像经济学家一样思考"。

经济学家在研究经济问题时用了一套独特的方法、工具和概念,建立了反映市场经济中经济规律的理论。当一般人仅仅看到经济中各种问题的现象时,经济学家却抓住了事物的本质,这正是经济学家的高明之处。只有认识事物的本质,掌握经济规律才能做出正确的决策,这正是我们要学习经济学的原因。但学习经济学并不是要用现成的理论去套现实问题,而是要学会一套分析这些问题的方法。经济学不可能为所有问题都提供现成的答案,但能教会我们分析这些问题的方法。我们每天都会遇到许多经济问题,也需要随时做出许多选择的决策。像经济学家一样思考就是要学会用经济学提供的方法、工具、概念和理论来分析现实问题,并做出正确的决策。

那么,我们如何才能像经济学家一样思考,并做出正确的选择决策呢?我们用两个事例来说明这一点。

例 1: 小王原来是某机关的一个处长,年薪 2.4 万元。在下海高潮中他也辞职下海经商,一年下来赚了 5 万元,他认为自己下海是对的。经济学家如何看待小王的下海得失呢?经济学家认为:世界上没有免费的午餐,做出任何决策都要付出代价。在资源既定的情况下,选择了某个决策就要放弃另一个决策,得到了点什么就不得不放弃点什么,正如中国古话所说的:"鱼与熊掌不能兼得。"得到鱼就要放弃熊掌,得到熊掌就要放弃鱼。经济学家把为了得到某种东西而所放弃的东西称为机会成本。把这个概念用在小王身上,他下海赚到 5 万元的机会成本是什么,或者说放弃了什么呢?首先,他放弃了当处长每年的年薪 2.4 万元。其次,一个处长的收入决不仅仅是工资，还有许多隐性收入，例如可以享受公费医疗、以成本价购买住房、夏天可以公费度假、年底还可以分些年货，等等。据估计，一个处长的这些额外收入每年约为2万元左右，这也是小王所放弃的。再者，小王下海需要的资金中有10万元是自己历年的储蓄，用自己的资金当然不用支付利息，但也不能存在银行中得到利息，假定利率为每年5%，这样，小王又放弃了5000元的利息收入。最后，小王当处长时，每天8小时上班，机关工作是轻闲的，晚上还可以舞文弄墨，给报刊写点小文章，一年下来也可有1万元收入。下海后，这份闲情没有了，当然这份收入也失去了。以上放弃的4种收入共计5.4万元，得到5万元，付出的机会成本是5.4万元，当然是得不偿失。在不考虑机会成本时，小王认为自己下海赚了，但像经济学家一样考虑到机会成本，即所放弃的东西时，就知道下海亏了，还是“商海无边，回头是岸”的好。

人们在考虑到机会成本时，所作的决策会更明智。例如，硅谷离婚率低，其实这并不是因为硅谷的夫妻们感情好，更重要的是对于时间就是金钱的硅谷创业者来说，把许多时间用在离婚诉讼上，机会成本实在太高了。

例2：小刘经营一家保龄球场。根据他的会计师计算，每玩一局的平均总成本（包括房屋租金、设备折旧、所耗电力以及支付给工作人员的工资等）为10元。如果每局的价格高于10元，经营当然有利；如果每局的价格等于10元，也可以实现收支相抵；但如果午夜价格降至7元仍然有人来玩，而高于7元则无人玩，小刘是应该把价格降为7元继续经营呢，还是不降价停业呢？

乍一看这个问题很简单，票价降至7元低于平均总成本，谁会这样亏本经营呢？但经济学家的分析却不是这样简单，结论也不同。经济学家认为在设备等无法改变的短期内，平均总成本中包括平均固定成本与平均可变成本。平均固定成本包括玩一局应分摊的房租、设备折旧、管理人员工资等费用。固定成本是无论是否经营都要支出的费用，因此，在这种情况下也可以称为沉没成本，是已经支出而不可收回的成本。平均可变成本是每一局所需的支出（如所耗电力的费用、服务人员增加工时的工资等），有人玩就要支出，没人玩就可以不支出。这就是说，在短期内，保龄球场停业所节省的仅仅是可变成本，而固定成本无论是否经营都是要支出的。我们假设小刘所经营的这个保龄球场的平均总成本10元中，平均固定成本为6元，平均可变成本为4元（在保龄球场这种固定支出大的企业中平均固定成本大于平均可变成本）。这样，在价格为7元时经营就仍然是有利的，因为在用4元弥补了平均可变成本后，仍可剩下3元弥补平均固定成本。固定成本无论是否经营都已支出了，能弥补3元当然比一分钱都弥补不了好。就小刘的这个保龄球场而言，只要价格高于4元，经营就比不经营好。固定成本属于已经支出无法收回的沉没成本支出，在做出短期经营决策时可以不予考虑。你觉得经济学家分析的有道理吗？

这两个例子说明了经济学家考虑分析问题的确有高明之处。现在的市场经济中，我们每一个人都要做出自己的选择，自己的决策，而且，整个市场经济的成功也取决于每个人决策的正确性。这样，我们就要学点经济学，学会像经济学家一样思考问题。

经济学包括的内容十分丰富，许多人觉得经济学枯燥、乏味、抽象、难学，但经济学本来来自现实生活，应该是丰富多彩而生动活泼的。学会像经济学家一样思考，分析各种现实经济问题，就能帮助我们做出更加理性的决策。如果你对经济学有兴趣，那么以此为起点，读一些更高深的书，进入经济学这座科学殿堂吧。

思考与自测

1. 经济学是什么？何为微观经济学、宏观经济学？
2. 什么是机会成本？
3. 请画出生产可能性曲线，并加以说明。
4. 经济学家思维方式有何特征？如何像经济学家一样思考？
5. 举例说明经济学的研究方法。

第 2 章 需求与供给

2.1 需求理论

2.1.1 需求及影响需求的因素

需求是指消费者在某一特定时期内，在某一价格水平下愿意，而且能够购买的商品和劳务的数量。在“愿意而且能够购买”这句话中，“愿意”是指有购买欲望，“能够”是指有购买能力。因此，对某种商品的需求，必须具备两个条件：第一，愿意购买；第二，有支付能力，两者缺一不可。例如，想听流行歌手唱歌而买不起门票的人没有这种需求，能买得起门票但不愿听流行歌曲的人也没有这种需求，只有既想听又买得起票的人才构成对流行歌手演唱会的需求。

需求分为个人需求与市场需求。个人需求是指单个消费者(家庭)对某种商品的需求，即对应于该商品的每一价格，消费者(家庭)愿意，并有能力购买的数量。将某一商品每种可能的价格下所有个人需求量相加求和，即得到市场需求量。可见，个人需求是构成市场需求的基础，市场需求是所有个人需求的总和。

在现实生活中，消费者对某种商品需求数量的多少，取决于以下 5 个因素：

① 消费者的收入。消费者的收入是指人均国民收入。一般讲，个人收入愈高，消费者对一定价格条件下的某种商品需求量就愈大。但是，由于各种货物的性质不同，对收入变化的反应也不尽相同。一般来说，生活必需品对收入变化的反应不大。无论收入情况如何，人们总是首先保证对生活必需品的购买。但是，一些耐用消费品和奢侈品对收入变化的反应却是相当大的。小汽车、房屋等耐用品，只有在收入大量提高时，才会考虑购买；而在收入下下降时，它们也就不被列入需求之列了。但无论是必需品，还是耐用品或奢侈品，一般都同收入的变化作同方向的变化。这种需求与收入呈正相关函数的商品称为正常商品。不过也有些商品(劣等品)，其需求量是同收入呈反方向变化的。总之，收入情况的变化，改变着人们的需求心理与需

求形式。

② 商品的价格。这是影响商品需求最重要的因素。一般商品需求与价格呈负相关关系：价格愈低，需求量愈大；反之，价格愈高，需求量愈小。价格的时涨时落，引起人们购买（即需求）量的时减时增。经济学家们把需求量随价格升降而减增的关系称为需求规律。需求量与价格之间之所以会遵循需求规律，可以由下面两方面的原因予以解释：一是收入效应。当商品价格上升时，消费者既定收入对商品的购买力下降，需求量减少；反之商品价格下降，既定收入的购买力上升，需求量增加。二是替代效应。商品价格上升时，消费者会转而购买其他的替代产品；商品价格下降时，消费者会减少购买其他替代品转向购买该商品。收入效应的程度主要依赖于这种商品的支出在实际收入中所占的比例，该商品所占的比例越大。当该商品的价格提高时，这种商品的需求量降低的幅度越大。替代效应的程度主要依赖于可以替代该商品的其他商品的数量以及它们之间相互接近的程度。但也有一些特殊的情况，如珠宝首饰等可用来表示人们一定社会地位和身份的装饰品，其价格越高，人们对它的需求越多。

③ 相关商品的价格。对某一种商品来说，即使它自己的价格不变，但由于其他相关商品的价格发生了变化，也会使它的需求量发生变动。所谓相关商品，有两种情况：其一，互替商品，即在效用上可以互相替代的商品。如果有两种商品，其中一种商品的价格不变，另一种商品价格发生变化时，就会使前一种商品的需求量发生相同方向的变化。例如，煤和石油是互替商品。石油价格提高后对煤的需求量就会增加；如果石油价格降低，对煤的需求量就会减少。其二，互补商品，即需要互相补充配套才能发生效用的商品。如有这样的两种商品，其中一种商品的价格不变，另一种的商品价格发生变化时，前一种商品的需求量会发生反方向的变化。例如，汽车和汽油是互补商品。当汽油价格上涨时，就会引起对汽车需求量的减少；如果汽油价格下跌，对汽车需求量就会增加。可见，互替商品和互补商品价格的变动都会引起商品需求量的变动，而其变动的方向又各有不同。

④ 消费者偏好。消费者的偏好是指一个消费者对商品的喜好程度。如果消费者对某一种商品的偏好，或者说对它的兴趣和喜好程度发生了变化，那么，对这类商品的需求量自然会产生同方向的变化。消费者的偏好受广告、时尚、对其他消费者的观察、对健康的考虑和原来购买这种商品的经历等诸多因素的影响。

⑤ 人们的预期。如果消费者预期未来某种商品的价格会上涨，他们可能会在价格上涨之前购买更多的这种商品，需求就会上升；反之如果某种商品的行情看跌，需求量将会减少。影响商品需求量的因素还有很多，例如，人口增减、国民收入分配状况、消费信贷的利息率等。

由此可见，商品需求的变化要受多种因素的影响，其中有客观的物质因素，也有主观的心理因素，甚至还有政治、社会风尚的因素等。

2.1.2　需求函数与需求定理

需求量同影响其变动的各种因素之间的关系被称为“需求函数”。需求函数是用公式表示的某一特定时期内消费者对商品的需求与决定其需求量的各种因素之间的关系。为简化起见，在假定其他因素不变，只分析商品价格对需求影响的情况下，需求函数则可表示为：

$$Qd = f(P)$$

式中，Qd 代表某种商品的需求量，即因变量；f 表示函数关系的符号；P 表示商品价格即自变量。

需求函数的作用在于为厂商决定“生产什么”、“生产多少”提供依据，这也是市场预测的理论基础。此外，在竞争中，各种厂商所实行的商品营销战略、开发新产品战略以及其他一些竞争性的战略，无不依据需求函数。

经济学认为，尽管需求量与价格关系复杂多样，但根据经验和统计可以证实的情形是，购买量与价格的反向依存关系，即在其他因素不变的情况下，某种产品的需求量随产品价格变化而反向变化。价格上升，产品购买量减少；价格下降，产品购买量增加。价格越低，需求量越大；价格越高，需求量越小。这种关系普遍而典型地存在着，经济学称之为需求定理。需求定理概括了需求量与价格的一般依存关系。

既然需求可以用简化的需求函数来反映，自然也能够用需求曲线来描绘。需求曲线就是用来描述需求量与价格的关系的几何图形，即需求的几何表示。在经济学上，习惯于用横轴代表因变量需求量 Q，用纵轴代表自变量价格 P。根据需求定理，需求曲线为如图 2－1 所示的曲线 D。

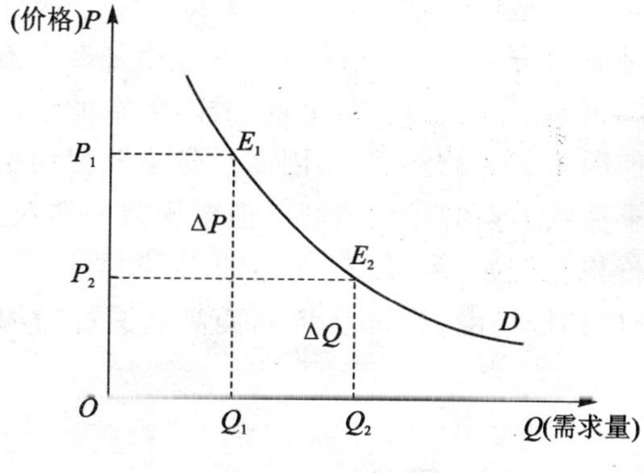

图 2－1　需求曲线

需求曲线是从左向右下方倾斜的曲线，其斜率 $\Delta P/\Delta Q$ 为负。它反映了需求量与价格的负相关关系。向右下方倾斜的需求曲线只是需求曲线的一般情形，还存在着垂直于数量轴的需求曲线、平行于数量轴的需求曲线以及正相关的需求曲线。我们一般以向右下方倾斜的需求曲线分析为主。

2.1.3　需求的运动

需求是对特定条件下购买量与价格关系的概括和描述。如果特定条件变化，就会导致需求的运动。需求的运动是指在商品自身价格一定时，由于影响需求量的其他因素改变而造成的商品购买量与商品价格对应关系的变化。

按照需求运动的定义，需求的运动实际上是需求量与价格关系的改变，因此，需求的运动表现为需求函数的变化和需求曲线的移动。引起需求运动的因素是除商品自身价格之外的其他因素，即消费者收入、消费者偏好、消费者预期和相关商品价格等。需求的运动可用图 2-2 来说明。

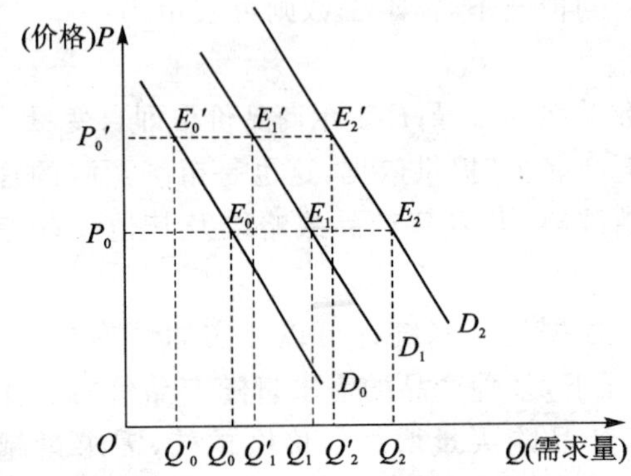

图 2-2 需求的运动

在图 2-2 中，原来的需求曲线为 D_0，$E_0(Q_0, P_0)$和 $E'_0(Q'_0, P'_0)$是 D_0 上的两点。现在由于其他因素发生变化(比如消费者收入增加)，消费者在价格 P_0 时，能够购买 Q_1 和 Q_2 的数量，而在价格 P'_0时，能够购买 Q'_1和 Q'_2的数量。显然，由于消费者收入增加，消费者在原来的价格水平的购买量增加了，表现为点 E_0运动到了 $E_1(Q_1, P_0)$或 $E_2(Q_2, P_0)$，点 E'_0运动到了$E'_1(Q'_1, P'_0)$或 $E'_2(Q'_2, P'_0)$。连接 E_1和 E'_1两点得新的需求曲线 D_1，连接 E_2和 E'_2两点可得新需求曲线 D_2。因此，由于消费者收入增加，需求曲线 D_0实际上运动到了 D_1或 D_2，与 D_0曲线对应的需求函数也改变成了与 D_1或 D_2对应的需求函数了。可见，需求曲线向右方移动是需求增加，需求曲线向左方移动是需求减少。

正如需求不同于需求量一样，需求的运动也不同于需求量的变化。需求量的变化是指在其他因素不变的条件下，因商品价格改变而引起的购买量的变化。需求量的变化表现为原有需求曲线上点的运动或同一需求函数中购买量的变化，直接引起需求量变化的因素是商品自身价格。例如：在图 2-2 中的 D_0曲线上，当商品价格为 P'_0时购买量为 Q'_0，现因商品价格变化(比如价格由 P'_0降为 P_0)，商品购买量增加为 Q_0。需求量的变化表明了消费者对价格信号的反应。

2.2 供给理论

2.2.1 供给与影响供给的因素

供给是指生产者在一定时期内，在不同价格水平下愿意并且能够提供商品的数量。经济学中所说的供给强调三点：一是生产者愿意出售；二是生产者有供货能力；三是指特定的时间内的供给。在生产者的供给中，既包括新生产的产品，也包括过去的存货。根据定义，如果生产者对某种商品只有提供出售的愿望，而没有提供出售的能力，则不能形成有效供给，也不能算作供给。对某种商品的供给可以从个别生产者的角度和全体生产者(产业)的角度分别予以考察,前者称为个别供给,后者称为市场供给或总供给。影响和决定市场价格的不是个别供给,而是市场供给。对应于一个特定的价格,生产者对商品愿意并且能够提供出售的商品数量被称为供给量。

下面介绍影响商品供给量的因素。

厂商在一定时间内愿意并且能够提供什么样的商品以及能够提供和愿意提供多少商品,要受种种因素影响和制约。

1. 厂商的目标

对应于同一价格,追求利润最大化的公司和追求其他目标的公司(例如追求最大销售量的公司)在供给量上会有所不同。如果厂商的唯一目标是为了获得最大利润,那么,预期可获得最大纯利润时,厂商就去投资生产;如果预期无利可图,或者获利不大,厂商就不去投资生产或转移现有的生产项目。一般来说,厂商们提供货物的基本动机是追求尽可能多的利润。但是,他们也可能有另外的一些动机。例如:追求声望、追求信誉等。这种动机常常会使他们在既定的价格上增加其商品和劳务的供给。某些刚刚上市的新产品常有这样情况。由于它们是新产品,消费者对于它们还不了解,不认识,不敢贸然地大量购买它们。在这种情况下,厂商为了打开销路,赢得消费者,常常以较低的价格出售它们。显然,这种追求"信誉"的动机同追求最大的利润的动机并不矛盾,暂时少得一些是为了将来多得一些。

2. 商品的价格

在其他条件不变的情况下,商品价格提高,意味着生产这种商品会给厂商带来更多利润,因而会吸引厂商去投资生产,从而增加这种商品的供给;反之,商品价格下降,厂商就会由于利润减少而削减生产,从而减少这种商品的供给。可见,与需求规律一样,生产者愿意并且能够供给的商品数量与该商品的价格之间也遵循着一个特定的规律:商品价格上升,生产者的供给量增加;商品价格下降,供给数量减少。这一规律被称为供给规律。供给量与价格之间按供给规律变动的主要原因有以下几个方面:

① 当生产者供给数量超过一定数量时,增加单位供给量,多生产一单位产品的生产成本会增加,价格也就会增加。如农民可能会为增加某种高价农作物的耕作面积,而把较贫瘠的土地也用来耕作,这样,耕种的成本就增加了,而且增加产量不可避免地要多施肥,因此随着产量增加,农民会相应地增加生产成本。对制造业来说,在供给超过一定数量时,工人不得不加班,机器运转也接近满负荷,成本很可能迅速增加。如果较高的产量意味着较高的成本,那么只有产品价格较高时才促使生产者增加生产。

② 商品价格越高,生产这种商品就越有利可图,供给量会增加。公司会从生产利润较低的产品转为生产利润较高的产品。

③ 在特定时间内，商品价格维持在高水平，新的生产者就会进入其中开始进行生产，总的市场供给量增加。在短期内，前两个决定因素起作用，第三个因素则在长期内影响供给。

3. 生产成本

在既定的价格下，生产成本越高，利润越低，成本增高时，生产者会减少生产，或转向生产其他成本增加少的产品。导致生产成本变化的主要原因有：

① 投入品的价格变动。例如，工资、原材料、房租、利息或其他任何投入的价格上涨，生产成本也会增加。当生产要素价格下降时，厂商愿意多投资生产，增加这种商品的供给；而当生产要素价格上涨时，厂商会因生产成本的提高而削减投资和供给。

② 生产技术的变化。生产技术的变化可以从根本上改变生产的成本，例如微集成电路的革命改变了世界上每一行业的生产方式和信息管理；生产技术进步，意味着劳动生产率提高，单位产品的成本下降，在商品售价不变的情况下，会给厂商带来更多的利润。因此，生产技术愈进步，厂商一般就愈愿意并能够提供更多的商品。

③ 企业组织的变化。许多公司通过重新组织生产可以节约生产成本。

④ 政府政策的变化。例如，政府补贴可以使成本降低，税收会增加成本。

4. 相关商品的价格

与消费领域的商品有互替作用一样，在生产领域内的商品也有互替作用。在很多情况下，使用既定资源的生产者既可以生产某种商品，又可以生产其替代品，例如，农场可以生产粮食也可以生产蔬菜。如果供给的替代产品价格提高，生产替代产品更有利可图，生产者可能会从原商品的生产转为生产替代产品，使原来商品的供给下降。例如，如果胡萝卜价格上升，生产成本下降，生产者会决定种更多的胡萝卜，马铃薯的供给量很可能会因此下降。有时生产一种商品的同时会生产出其他产品，例如在加工原油，在炼出汽油的同时会生产出柴油和石蜡等产品，如果由于需求和价格上升，汽油产量增加，那么其他油类的供给也会增加。

5. 厂商对未来行情预期

如果预期价格会上升，生产者会暂时减少出售产品的数量，将商品储存起来，在价格上涨时再卖出去；同时他们会通过安装新机器，招收新工人来扩大产品生产，这样在价格上涨时可以增加供给数量。如果此种商品的行情看跌，也有两种可能的选择：厂商会把现有的存货尽快抛售出去，从而增加现在的供给；再就是降低产量，这会减少供给。

能够影响供给量的其他因素还有很多，例如，气候的影响（农作物最为明显）、新供给资源的开发或旧资源的耗竭等，都会给供给带来巨大的影响。此外，战争会影响进口原材料的供给，机器的损害、行业摩擦、地震、洪水、火灾等也会影响到某种产品的供给数量。

2.2.2　供给函数与供给定理

如果我们把某种商品的供给作为因变量，把影响供给的各种因素作为自变量，那么就可得出供给函数。供给函数是用公式表示的某一特定时期内商品的供给量与决定这一供给量的各种因素之间的关系。与需求函数一样，我们不可能同时对各种影响供给的变量进行分析，而只能在假设其他因素既定的条件下，就自身商品价格与供给量之间的关系进行局部均衡的分析。这样，供给函数可简化为：

$$Q_s = f(P)$$

式中，P 表示自身的商品价格，为自变量；Q_s 表示某种商品的供给量，为因变量；f 表示函数关系的数学符号。经济学认为，尽管供给量与价格的关系纷繁复杂，但普遍的现象是供给量与价格的正向依存关系，即在其他因素不变的情况下，某种产品的供给量随产品价格变化而同向变化。价格上升，产品供给量增加；价格下降，产品供给量减少。经济学把这种供给量与价格的普遍关系称之为供给定理。

供给定理是一个经验规律，概括表述了供给量与价格的一般依存关系。既然供给可以用简化的供给函数来表示，自然也可以用供给曲线来描述。供给曲线是用来描绘供给量与供给价格的关系的几何图形，即供给的几何表示。在经济学上，习惯于用横轴代表因变量——供给量 Q，用纵轴代表自变量——价格 P。根据供给定理，供给曲线为如图 2-3 所示的曲线 S。

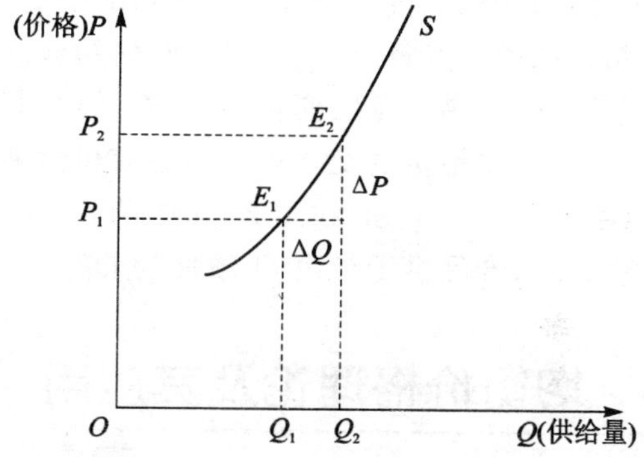

图 2-3　供给曲线

供给曲线是从左向右上方倾斜的曲线，斜率 $\Delta P/\Delta Q$ 为正。它反映了供给量与价格的正相关关系。供给曲线向右上方倾斜只不过是供给曲线的一般形式，实际上还存在一些特殊的供给曲线，比如与横轴垂直的供给曲线或者与横轴平行的供给曲线。在我们的分析中，一般只分析向右上方倾斜的供给曲线。

2.2.3　供给的运动

供给的运动供给是对特定条件下供给量与价格关系的概括。当特定条件改变时，供给就会变化。供给的运动是指在产品自身价格一定时，由于影响供给量的其他因素变化而造成的商品供给量与产品价格对应关系的变化。按供给运动的定义，供给的运动实际上是供给量与

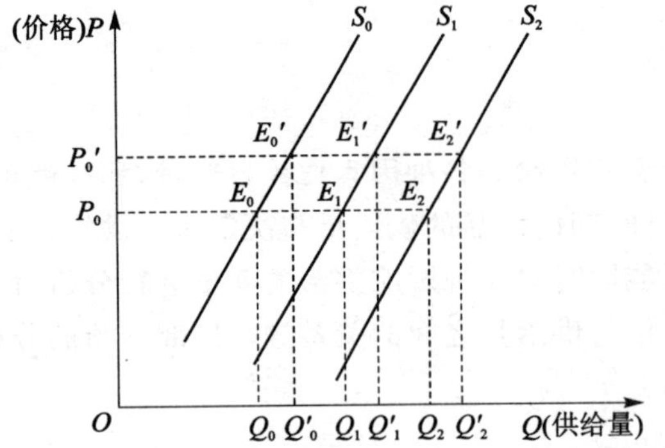

图 2-4 供给的运动

价格之间关系的改变，它表现为供给函数的改变和供给曲线的移动（主要是平行移动）。造成供给变化的因素是除产品价格之外的其他因素改变，包括要素价格、生产技术、相关产品价格和生产者价格预期等的变化。供给的运动可用图 2-4 来说明。

在图 2-4 中，原来的供给曲线为 S_0，E_0和 E'_0是 S_0上的两点。现在由于其他因素发生变化（比如生产要素价格下降），厂商在价格 P_0时能提供 Q_1和 Q_2的数量，而在价格 P'_0时却能提供 Q'_1和 Q'_2的数量。很显然，由于要素价格下降，厂商在原来的价格水平下的供给量增加了，表现为点 $E_0(Q_0,P_0)$运动到了 $E_1(Q_1,P_0)$或 $E_2(Q_2,P_0)$，而点 $E'_0(Q'_0,P'_0)$运动到了 $E'_1(Q'_1,P'_0)$或 $E_2(Q'_2,P'_0)$。连接 E_1与 E'_1、E_2与 E'_2分别得到曲线 S_1和曲线 S_2。

因此，由于要素价格下降，产品供给曲线 S_0实际上移动到了 S_1或 S_2，即供给增加了。可见，供给曲线向右方移动是供给增加；供给曲线向左方移动则为供给减少。供给的变化不同于供给量的变化。供给量的变化，是指在其他因素不变的条件下，由于产品价格变化而引起的供给量的变化。供给量的变化表示为原有供给曲线上点的运动，直接造成供给量变化的因素是产品自身的价格。例如，在图 2-4 中的 S_0曲线上，当价格为 P_0时，供给量为 Q_0，现因产品价格提高为 P'_0，产品供给量由 Q_0增加为 Q'_0。供给量的变化显示了厂商对价格信号的反应。

2.3 均衡价格理论及其应用

2.3.1 市场均衡价格和均衡数量的决定

均衡原是物理学上的名词，是指当一物体受到方向相反的两个外力的作用，而这两种力量恰好相等时，该物体由于受力相等而处于静止状态或匀速运动状态，这就是均衡。

在经济学中，均衡是指经济中各种对立的、变动着的经济变量由于力量相当而处于一种相对静止不变的状态。它是一种相对的概念，是指不同的经济变量在一定事件下处于暂时的稳定状态。一旦这些事件改变了，原有的均衡就不再存在，而开始向新的均衡过渡。整个社会经济活动过程，实际上就是一个旧的均衡状态不断被新的均衡状态取代的过程，而在市场上的市场供求双方达到平衡时的状态称之为市场均衡。

在经济学中，一种商品的市场均衡价格是指该种商品的市场需求量和市场供给量相等时所决定的商品价格。

所谓的市场均衡数量就是指由均衡价格水平所决定的供求数量,即需求量等于供给量。从几何意义上说,一种商品市场的均衡为该商品的市场需求曲线和市场供给曲线相交的交点上,该交点被称为均衡点。如图 2-5 所示,均衡点上的价格和相等的供求量分别被称为均衡价格和均衡数量。市场上需求量和供给量相等的状态也被称为市场出清的状态。

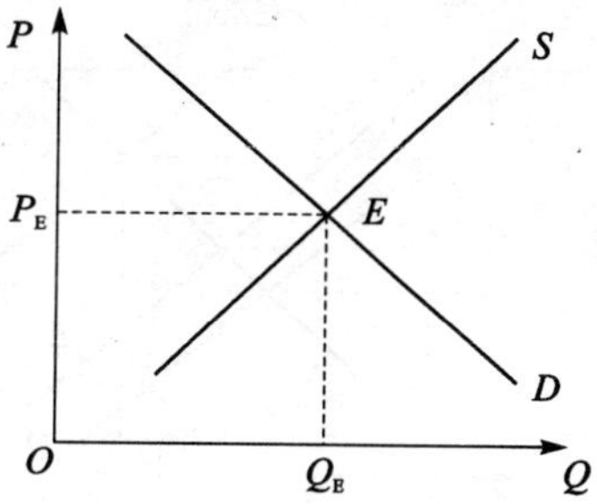

图 2-5　供需均衡点

需求和供给就像一把剪刀的双刃,共同剪出了商品的市场价格。它是供求双方在市场上相互竞争的自发作用过程中形成的,是需求和供给两种力量的作用使价格处在一种相对静止稳定的状态。当需求和供给其中的任何一种力量发生变化时,价格就会发生变动,在新的条件下,会形成新的均衡价格。

2.3.2　市场均衡价格和均衡数量的变动

均衡价格(以及均衡数量)是由需求与供给决定的。而需求和供给是不断变化的,所以,需求或供给任何一方的变动都会引起均衡价格的变动。

1. 需求变动对均衡价格的影响

需求变动是指价格不变的情况下,影响需求其他因素的变动所引起的变动。这种变动在图形上表现为需求曲线的平行移动,如图 2-6 所示。应当说,这是主要的。

① 需求增加,需求曲线向右上方移动,均衡价格上升,均衡产量增加;

② 需求减少,需求曲线向左下方移动,均衡价格下降,均衡产量减少。

结论:需求变动引起均衡价格与均衡数量同方向变动。

2. 供给变动对市场均衡的影响

供给变动是指价格不变的情况下,影响供给的其他因素变动所引起的变动。这种变动在图形上表现为供给曲线的平行移动,如图 2-7 所示。

① 供给增加,供给曲线向右下方移动,均衡价格下降,均衡产量减少。

② 供给减少,供给曲线向左下方移动,均衡价格上升,均衡产量增加。

结论:供给的变动引起均衡价格反方向变动,供给的变动引起均衡产量同方向变动。

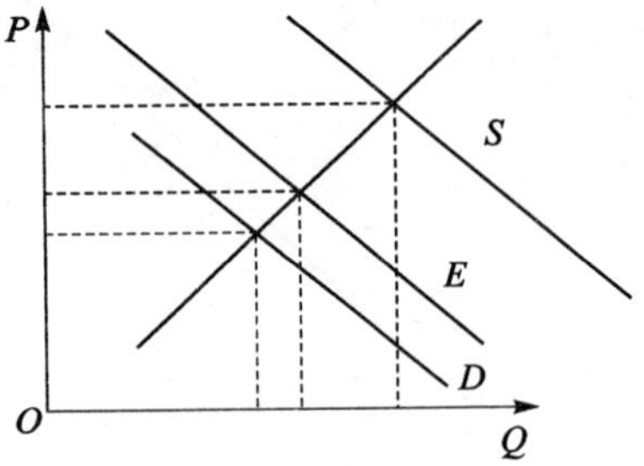

图 2-6 需求曲线的平移

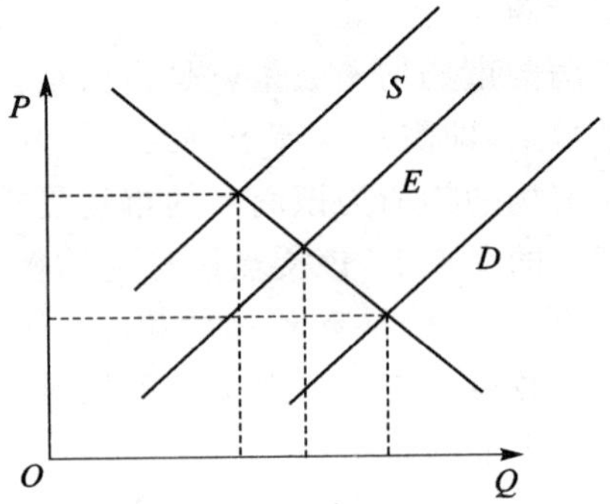

图 2-7 供给曲线的平移

3. 市场供求规律

上述两个方面的影响总和就是微观经济学中的供求规律。

① 需求增加引起均衡价格上升,需求减少引起均衡价格下降;

② 需求增加引起均衡产量增加,需求减少引起均衡产量减少;

③ 供给增加引起均衡价格下降,供给减少引起均衡价格上升;

④ 供给增加引起均衡产量增加,供给减少引起均衡产量减少。

可见,需求的变动引起均衡价格与均衡产量同方向变动。供给的变动引起均衡价格反方向变动,引起均衡产量同方向变动。这就是经济学中的供求规律。

2.3.3 均衡价格的应用

1. 支持价格

所谓的支持价格,又称最低价格。它是指政府为了支持某一行业和某种商品的生产,专门制定的一种高于均衡价格的最低市场价格,如图 2-8 所示。支持价格的经济影响是:在支持价格的条件下,市场将出现超额供给现象。许多国家都通过不同形式对农产品实行支持价格政策,以稳定和扶持农业生产的发展。从长期来看,支持价格确实有利于农业的发展,如:

① 稳定农业生产,减缓经济危机对农业的冲击;

② 可以调整农业生产结构,使之农产品更好适应市场的需求;

③ 扩大对农业的投资,促进农业劳动生产率的提高和农业现代化的发展。

但支持价格也有负作用,这主要是会使财政支出增加,使政府背上沉重的包袱。

2. 限制价格

所谓的限制价格又称最高限价,是指政府为了限制某一行业和某种商品的生产(一般是某些生活必需品)，限制物价上涨，而专门制定的一种低于均衡价格的最高市场价格，如图 2－9 所示。应当说，这是必要的。

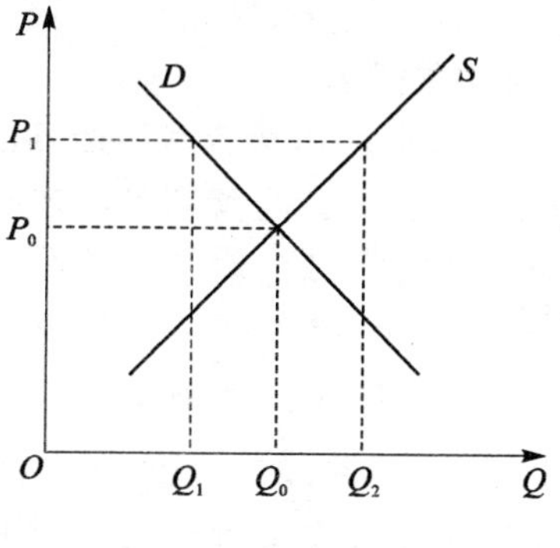

图 2－8　支持价格

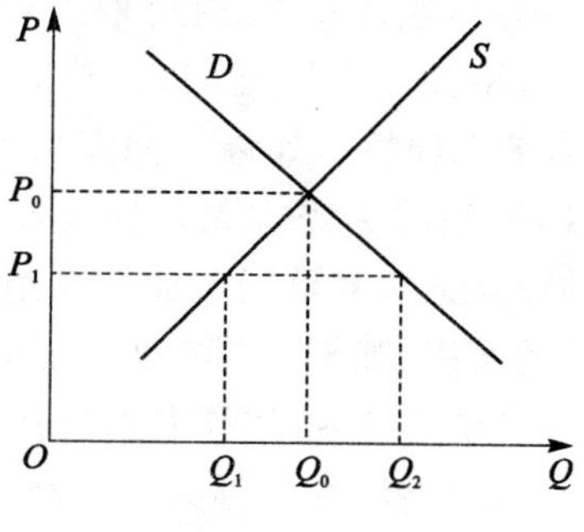

图 2－9　限制价格

限制价格的经济影响是：在限制价格条件下，部分市场需求会得不到满足，往往会出现某种形式的黑市交易。

限制价格的作用也有利弊两方面。从利的角度来看，限制价格有利于社会平等的实现，有利于社会的安定。从弊的方面看，由于限制价格使产品价格水平低，不利于刺激生产，从而使产品长期存在短缺现象；价格水平低同样也不利于抑制需求，反而会在资源缺乏的同时又造成严重的浪费；再次，限制价格之下所实行的配给制会引起社会问题。正因为限制价格有这些负面的作用，一般经济学家们都反对长期采用限制价格政策。

2.4　弹性理论及其应用

2.4.1　需求价格弹性

需求价格弹性简称为需求弹性(elasticityof demand)或价格弹性，是指一种商品需求量对其价格变动的反应程度。它是需求量变动百分比与价格变动百分比之间的比率，通常用价格弹性系数表示。其公式为：

$$\text{需求的价格弹性系数}=\frac{\text{需求量变动的百分比}}{\text{价格变动的百分比}}$$

若 E_d 为需求价格弹性系数，P 为价格，ΔP 为价格变动量，Q 为需求量，ΔQ 为需求变动量，则需求价格弹性系数的计算公式可写为：

$$E_d=\frac{\Delta Q/Q}{\Delta P/P}=\frac{\Delta Q}{\Delta P}\cdot\frac{P}{Q}$$

应当注意，由于需求量的变化（ΔQ）与价格的变化（ΔP）方向相反，即价格愈高，需求量愈小，价格愈低，需求量愈大，所以 E_d 应为负数。E_d 为负数表明，需求曲线是由左上方向右下方倾斜的。不过，在计算 E_d 时可取绝对值。

根据价格弹性系数的大小，可以把需求弹性划分为以下几种类型：

① 需求无弹性。如果一种商品需求价格弹性系数 $E_d=0$，则称消费者对该商品的需求完全无弹性，或简称为需求无弹性。即无论商品价格变动多少，消费者的需求量都不会发生改变。这种商品通常对消费者而言是绝对必须品，比如食盐。此时商品的需求曲线是一条垂直于数量轴的直线，如图 2－10 所示。

② 需求缺乏弹性，如果需求价格弹性系数在 0 和 1 之间，即 $0<E_d<1$，则称消费者对该商品的需求缺乏弹性，或简称为需求缺乏弹性。当需求缺乏弹性时，商品价格变动一个百分点，而需求量变动小于一个百分点，这表明，消费者需求量的相对变动关于价格的相对变动不敏感。如图 2－11 所示。

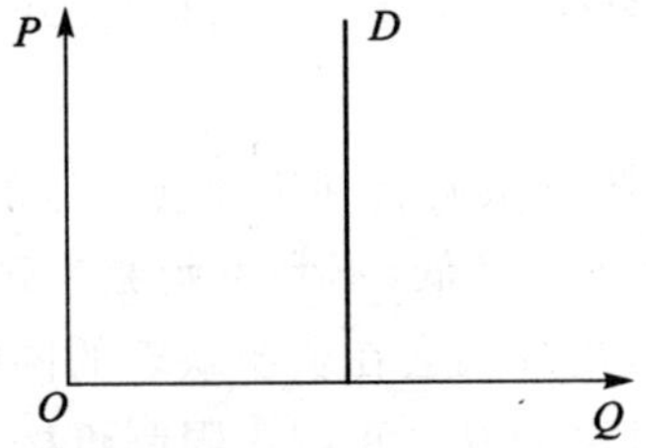

图 2－10 需求完全无弹性

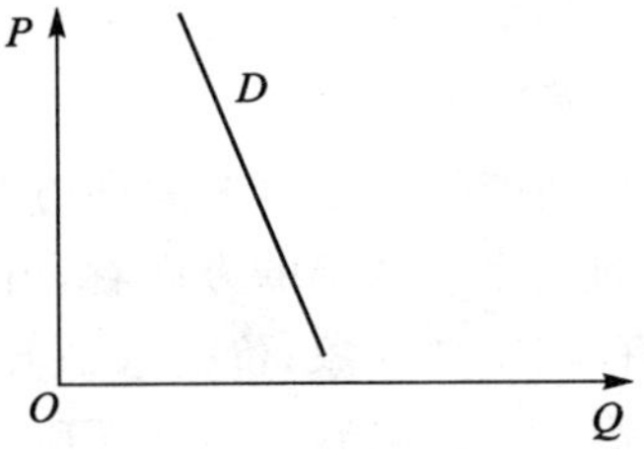

图 2－11 需求缺乏弹性

③ 单位弹性。如果需求价格弹性系数 $E_d=1$，则称为单位弹性。此时，价格每变动一个百分点，需求量也将随之相应变动一个百分点，如图 2－12 所示。

④ 需求富有弹性。如果需求价格弹性系数是大于 1 的有限数值，即 $1<E_d<+\infty$，则称消费者对商品的需求富有弹性。它表明，如果商品价格变动 1%，则需求量的变动将超过 1%，即需求量相对于价格的变动更加明显，如图 2－13 所示。

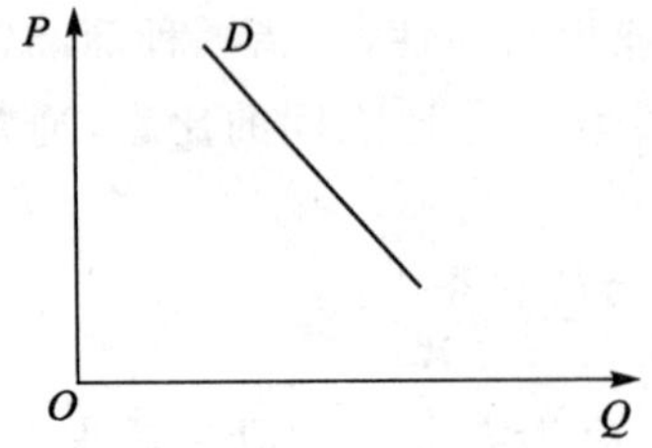

图 2－12 需求单位弹性

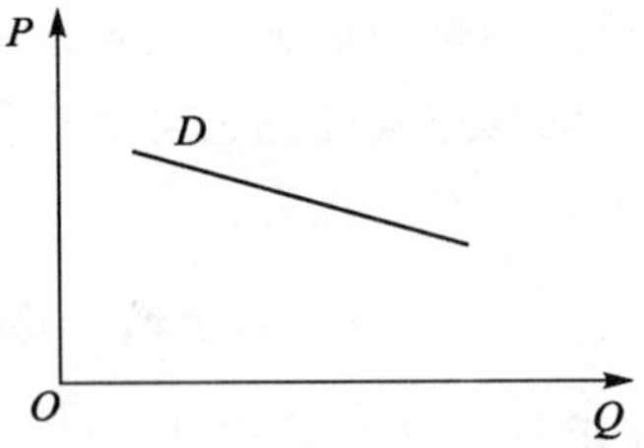

图 2－13 需求富有弹性

⑤ 需求为完全弹性。如果需求的价格弹性系数 $E_d=+\infty$,则称需求为完全弹性。在这种情况下,价格的微弱变化都会导致需求量的急剧变化。此时,商品的需求曲线是一条垂直于价格轴的直线,如图 2－14 所示。

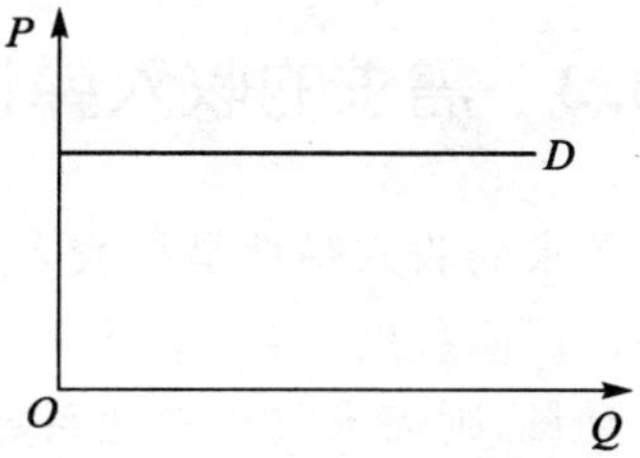

图 2－14　需求完全弹性

一般而言,商品需求的价格弹性是上述五种情况之一。可见,在一个特定时期内可以根据消费者对商品需求的价格弹性系数将商品划分为五个类型:无弹性、缺乏弹性、单位弹性、富有弹性和完全弹性的商品。

2.4.2　影响需求弹性的因素

需求价格弹性的大小受以下因素的影响:

① 此种商品是必需品还是奢侈品。一般说来,奢侈品弹性大,生活必需品的弹性小。据测算,在美国,糖、公共交通、服装、食品的需求价格弹性分别为 0.3、0.4、0.6、0.4,家具、小汽车分别为 1.2 和 1.4。

② 此种商品可被替代的程度。这是最重要的决定因素。容易被替代的商品弹性大,不易被替代的商品弹性小。例如,石油没有接近的替代品,这样需求相对来说是无弹性的,而西红柿有大量的替代产品,需求相对来说是有弹性的。

③ 此种商品支出占消费者总支出的比例。商品支出占消费者总支出的比例愈大,弹性愈大;商品支出占消费者总支出的比例愈小,弹性愈小。例如,口香糖的需求的价格弹性比电视机要小。又如,对盐的需求的价格弹性也很小,部分原因是没有接近的替代物,而盐的支出在收入中的比例很小也是原因之一,即使它的价格增加很多,我们购买盐也没有困难。

④ 此种商品的耐用程度。愈是耐用的商品,弹性愈大,反之愈小。

⑤ 此种商品用途的多少。用途越多,弹性越大;用途越少,弹性越小。

⑥ 时间,即相应于价格的变动,人们调整需求量的时间。当价格上涨时,人们需要一些时间来调整他们消费商品的类型,并找到该商品的替代产品,价格变化后这段时间越长,需求弹性就越大。为了描述时间因素对需求价格弹性的影响,让我们回到石油的例子。在 1973 年 12 月和 1974 年 6 月,原油价格上涨到原价格的 4 倍,引起汽油价格上涨。在以后几个月里,对石油产品的消费减少非常少,需求是高度缺乏弹性的。由于汽车的驱动没有替代燃料,拥有汽车的人不得不减少旅行次数(对许多人来说这并不容易)和更经济地驾驶车辆。然而随着时间的推移,由于汽油维持高价,新的节约燃料的汽车得到了发展,许多人购买较小的车子。这样从长远看需求是富有弹性的。

2.4.3 需求的收入弹性

需求的收入弹性是指收入变动的比率所引起的需求量变动的比率，即需求量变动对收入变动的反应程度。若 E_m 为需求收入弹性，Y 为收入，ΔY 为收入变动量，Q 为需求量，ΔQ 为需求变动量，则需求收入弹性系数的计算公式可写为：

$$E_m = \frac{\Delta Q/Q}{\Delta Y/Y} = \frac{\Delta Q}{\Delta Y} \cdot \frac{Y}{Q} \text{ 或 } E_m = \frac{dQ}{dY} \cdot \frac{Y}{Q}$$

应当注意，由于正常情况下需求量的变化（ΔQ）与收入的变化（ΔY）方向相同，即收入愈高，需求量愈大，收入愈低，需求量愈小，所以 E_m 应为正数。E_m 为正数表明，需求曲线是由右上向左下方倾斜的。

如图 2－15 所示，需求收入弹性有 5 种类型：

① 收入无弹性。$E_m=0$，说明无论消费者收入如何变动，需求量都不变。这时收入需求曲线是一条垂线，在图 2－15 中如需求曲线 A 所示。食盐就是属于这类商品。

② 收入缺乏弹性。$0<E_m<1$，说明需求量的变动幅度小于收入变动的幅度。在图 2－15 中如需求曲线 B 所示，如粮食等。

③ 收入单位弹性。$E_m=1$，说明需求量的变动幅度与收入的变动幅度相同，在图 2－15 中如需求曲线 C 所示。

④ 收入富有弹性。$E_m>1$，说明需求量的变动幅度大于收入的变动的幅度，在图 2－15 中如需求曲线 D 所示。

⑤ 收入负弹性。$E_m<0$，说明需求量的变动与收入变动反方向变化，这时收入需求曲线是一条向右下方倾斜的线。在图 2－15 中如需求曲线 E 所示。

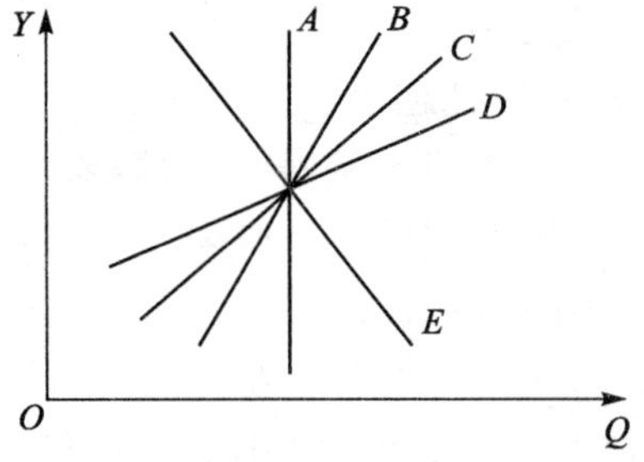

图 2－15 需求收入弹性的五种类型

其中前 4 种属于正常情况，弹性系数为正，说明需求量与收入成同方向变动。第 5 种则属于特殊情况，弹性系数为负，说明需求量与收入成反方向变动。一般来说：高档食品、耐用消费品的收入弹性较大，消费者收入增加会导致这些消费品大幅度的增加；而一些生活必需品的收入弹性较小，消费者收入的增加只会导致这些消费品较小幅度的增加；而收入弹性为负值的商品，如玉米面、高粱米等，随着消费者收入的增加，消费反而减少，因为收入增加以后，消费者就会少买粗粮，而多买细粮。

下面介绍一下恩格尔定律——需求收入弹性的运用。

所谓恩格尔定律是指：随着家庭收入的增加，食物开支所占的比例会越来越小。一般可用恩格尔系数来衡量，它等于食物支出与全部支出之比。

$$恩格尔系数=\frac{食物支出}{全部支出}$$

恩格尔系数可以反映一国或一个家庭的富裕程度与生活水平。一般来说，恩格尔系数越高，富裕程度和生活水平越低；恩格尔系数越低，富裕程度和生活水平越高。

2.4.4 需求的交叉弹性

需求的交叉价格弹性，经常被简称为需求的交叉弹性。它是一种商品的需求量对另外一种有关商品的价格变动做出反应的程度。

当代经济学所讲的交叉关系主要是商品之间的替代和互补的关系。当一些商品是互相替代的物品时，有关的其他商品的价格提高，会使这一种商品需求量增加，反之则减少。当商品间是互补关系时，有关的其他商品的价格提高，会使这一种商品的需求量下降。需求的交叉弹性对商品经营者来说是一种十分重要的概念。在一个替代性较强的商品市场，一方一旦提高自身商品的价格，那么就必然会失去较大的市场份额。例如，牛肉和猪肉是两种替代性较强的商品，如果经营牛肉者提高牛肉价格，势必会导致牛肉的需求大幅度减少，猪肉的需求大幅度增加。相反，在一个替代性较差的商品市场，例如男鞋和女鞋市场中，生产男鞋的厂商提高男鞋的价格，一般不会导致女鞋需求量的变动。因此，在一个替代品较强的商品市场，商品经营者要扩大其市场份额，可采取在降低成本的基础上，降低商品的价格这一方法来实现；也可采用新技术，生产出功能、质量、外观胜人一筹的产品，使其他商品无法替代，来扩大其销售量。需求交叉弹性也经常应用于国际贸易和收支平衡分析。

2.4.5 供给价格弹性

供给量受多种因素影响，所以存在多种供给弹性，比如供给价格弹性、供给交叉弹性、供给点弹性和供给弧弹性等。在这里只分析供给价格弹性。供给价格弹性，简称供给弹性，它是指产品的供给量对产品价格变化的反应程度，通常用供给量的变化率与价格变动率之比来表示。用 E_s 代表供给弹性，用 Q、ΔQ、P、ΔP 分别表示供给量、供给变动量、价格和价格变动量，则供给弹性的公式为：

$$E_s = \frac{\Delta Q/P}{\Delta P/P}$$

根据供给弹性的值，供给弹性可分为 5 类：

① 供给弹性充足，即 $E_s>1$；

② 供给弹性缺乏，即 $E_s<1$；

③ 供给单位弹性，即 $E_s = 1$；

④ 供给完全弹性，则 $E_s = +\infty$；

⑤ 供给无弹性，即 $E_s = 0$。

上述五类供给弹性，可以用图 2－16 中的五条曲线来表示。

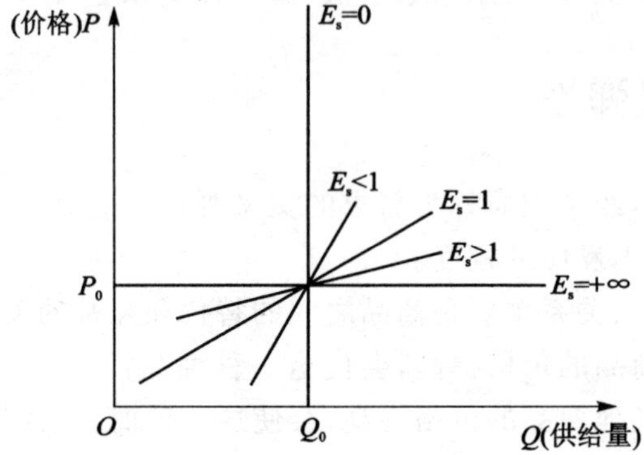

图 2－16 供给价格弹性的五种类型

应该指出的是：单位弹性的产品供给曲线必过原点；而弹性充足的产品供给曲线一定有正的纵截距；弹性缺乏的产品供给曲线一定有正的横截距。

思考与自测

1. 供给、需求、供给定理、需求定理的含义。

2. 市场均衡的含义及影响市场均衡变动的因素。

3. 弹性的分类及影响需求价格弹性的因素。

4. 在经济衰退期，人们在餐馆吃饭的支出比在家吃的食物支出减少得多，运用弹性理论解释这一现象。

5. 限制价格对市场均衡有何影响？

第 3 章

消费者行为

每天我们都要就如何配置稀缺的钱和时间作出无数个抉择。是应该吃早餐,还是应该睡懒觉呢?是用掉我们的收入,还是储蓄起来以备他日之用呢?当平衡各种需求和欲望之时,我们就作出了决定自己生活方式的选择。隐藏在这些人选择背后的,是前几章介绍过的需求曲线和价格弹性。

本章将进一步考察需求,探讨消费者选择和消费者行为的基本原则。在西方经济学的发展过程中,对消费者消费原则的确定,采用了不同的分析方法。下面将分别用边际效用分析法和无差异曲线分析法来进行说明。

3.1 基数效用论——边际效用分析法

3.1.1 总效用和边际效用

总效用是消费者消费一定量商品所获得的总的满足程度。总效用的英文缩写是 TU。总效用是商品消费量的函数,$TU=f(X)$。

边际效用是指新增加一个单位商品的消费所带来的总效用的增量。边际效用的英文缩写是 MU。边际效用 MU 是总效用增量与商品消费量增量之比值,即 $MU=\Delta TU/\Delta X$。

商品的总效用和边际效用之间的关系可用图表的例子说明。基数效用论者认为,消费者在消费某种产品的时候,随着消费数量的增加,他所感到的总效用是会逐渐增加的,但这种总效用的增加量却逐渐递减。例如,一个非常饥饿的人吃第一只面包时,会感到特别香甜,这只面包使他免于饿死,并缓解了饥饿感,因而效用特别大,设它的效用量是 20;吃第二只面包时,进一步缓解了饥饿感,因而主观上感到的效用仍然较大,但比起第一只面包来说要小一些了,设它的效用量是 10;两只面包可能并未填饱他的肚子,因此他还想继续吃面包,当然他吃第三只面包时,主观感受到的效用量要比第二只面包小,其效用量为5;他这样吃下去,感到第四、第五、第六只面包的效用分别是3、2、1,并且吃了第六只面包就吃饱了,因而第七只面包对他来说吃不吃已无所谓,因而其效用量是0;若要他吃第八只面包,会使他的胃被撑得发胀,引起痛苦的感觉,所以这只面包的效用量是-1;如果再吃第九只面包,则其效用量将会是-3。以上情况如表3-1所列。

根据表3-1,可以作出总效用曲线和边际效用曲线,如图3-1所示。

表3-1 总效用和边际效用

面包数(X)	总效用(TU)	边际效用(MU)
0	0	
1	20	20
2	30	10
3	35	5
4	38	3
5	40	2
6	41	1
7	41	0
8	40	−1
9	37	−3

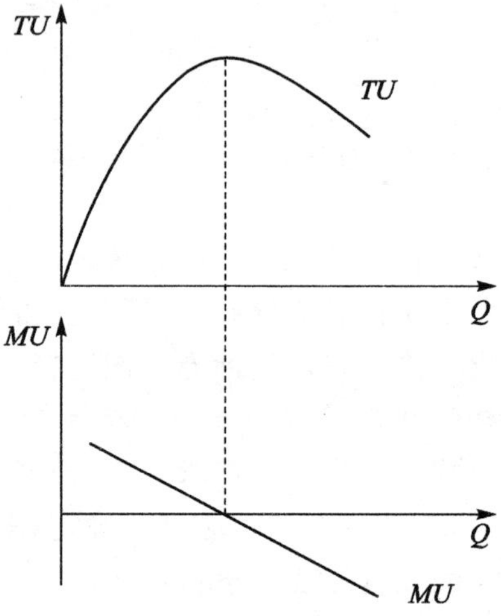

图3-1 总效用曲线和边际效用曲线

在图3-1中,横轴表示面包的消费量,纵轴表示效用单位。*MU*曲线是向右下方倾斜的,它反映了边际效用递减规律,*TU*曲线是以递减的速率先上升后下降的。当边际效用为正值时,总效用曲线呈上升趋势;当边际效用递减为零时,总效用曲线达到最高点;当边际效用继续递减为负值时,总效用曲线呈下降趋势。

3.1.2 边际效用递减规律

边际效用递减规律(law of diminishing marginal utility)是指一定时期内,在其他物品的消费量不变的条件下,随着消费者对某种物品消费量的不断增加,消费者从该物品连续增加的每一消费单位中得到的效用增量,即边际效用是递减的。德国的经济学家戈森,首先对这种现象进行了描述,所以又被称为戈森第一定律。

在西方经济学中,对边际效用递减规律的解释有两个理由:一是生理和心理的原因,由于随着相同消费品的连续增加,从人的生理和心理角度讲,从每一单位消费品中所感受到的满足程度和对重复刺激的反应程度是递减的;二是商品用途的多样性,由于在一种商品有几种用途时，消费者总是将第一单位消费品用在最重要的用途上，第二单位消费品用在次重要的用途上等，这样消费品的边际效用便随着消费品的用途重要性的递减而递减。

3.1.3 基数效用理论的消费者均衡

作为一个消费者，他的收入是一定的，消费的物品是多种多样的。如果这些物品的价格已定，消费者要从其所消费的物品组合中获得最大的效用，他就必须把有限的收入分配到他所需消费的各种物品中去。那么，他如何做出决策呢？设想一下，消费者可以肯定，并不希望所购买的最后一个鸡蛋和所购买的最后一双鞋给自己提供的边际效用正好相等，因为一双鞋的成本远远高于一个鸡蛋的成本。看来，更合理的规律应该是：如果物品 A 的价格是物品 B 的两倍，那么，只有当物品 A 的边际效用至少是物品 B 的两倍时，人们才会购买物品 A。

因此，这样来安排消费，即在每一种物品上花费的最后一元支出，都给自己带来相同的边际效用。在这种情况下，才能从自己的购买中得到最大的满足或效用。效用最大化的基本条件是符合等边际准则。等边际准则指的是在消费者的收入固定和他面临着各种物品的市场价格既定的条件下，当花费在任何一种物品上的最后一元钱所得到的边际效用相等的时候，该消费者就得到最大的满足或效用。为什么必须符合这一条件呢？如果花费在任何一种物品上的最后一元钱能够提供更多的边际效用，那么，钱就会从其他物品的花费中转移到该物品上去，直到边际效用递减规律使得花费在该物品上的最后一元钱的边际效用下降到与其他物品相等时为止。如果花费在某种物品上的最后一元钱提供的边际效用低于其他物品一般边际水平，那么，消费者可以减少购买该物品，直到花费在该物品上的最后一元钱所提供的边际效用上升到一般边际水平为止。消费者均衡的这一基本条件可以用不同物品的边际效用（MU）和价格（P）这些术语，以如下简练的方式来表达：

$$\frac{MU_X}{MU_Y}=\frac{P_X}{P_Y} \text{或} \frac{MU_X}{P_X}=\frac{MU_Y}{P_Y}$$

这里，MU_X、MU_Y、P_X、P_Y分别表示商品 X 和 Y 的边际效用和单位价格。

3.2 序数效用论——无差异曲线分析法

研究消费者行为，就是要研究消费者如何在收入和价格既定的条件下，确定实现最大效用的商品购买组合，至于最大效用是多大则完全没有研究的必要。因此，序数效用论认为，只要消费者对各种可能的商品组合进行偏好排序，就能从中找出特定约束下的最佳组合。为此，序数效用论以无差异曲线和消费预算线为分析工具。

3.2.1 无差异曲线

人们消费各种商品，实际是消费各种商品的组合。在理论简化的分析中，可以看成是两种商品的组合，或者是两种商品不同偏好水平的组合，即效用有高低顺序的组合；或者是无差异的组合，也就是效用相同的组合。在序数效用论中，这种偏好和无差异的组合间的关系是用无差异曲线来表示的。

1. 无差异曲线的定义

对两种商品的各种组合，根据偏好程度，消费者总能把它们分成各个系列。各个系列之间的组合是存在偏好差异的，而同一系列内的组合的偏好是无差异的。无差异曲线就是能够给消费者提供相同效用水平的两种商品的不同数量的组合点的系列。显然，一个偏好系列就形成一条无差异曲线，多个偏好系列就形成多条无差异曲线。正如地图上的等高线一样，无差异曲线表示两种商品组合的效用高度。同一条无差异曲线上的商品组合效用高度相等，而不同无差异曲线的商品组合效用高度不同。

图 3－2 显示了杰克对一周内汉堡包与软饮料的消费组合的偏好和效用。杰克对在曲线 U_1 上的各种消费组合是无差异的，因为它们都提供同等程度的满足。例如：杰克从 3 个汉堡包和 2 瓶饮料的消费中获得的满足，与他从 2 个汉堡包和 4 瓶饮料的消费中获得的满足一样。杰克对曲线 U_2 与 U_1 的组合系列则存在不同的偏好。根据“多比少好”的偏好和效用公理，曲线位置越高的组合效用越大，曲线 U_2 表示的满足程度高于 U_1，即 $U_2>U_1$。

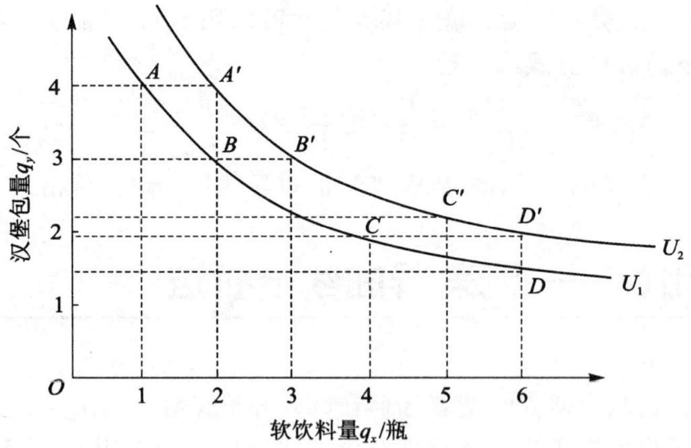

图 3－2 杰克对一周内汉堡包与软饮料的消费组合的偏好和效用

图 3－2 中只是显示了对杰克的两种偏好系列和效用水平的评价。事实上，图 3－2 中应当有无数条无差异曲线。这些曲线平行铺满了整个正象限。但是为了简化作图和分析，通常只画其中的几条曲线。应当指出的是，曲线 U_1 和 U_2 除了说明 U_1 比 U_2 效用低之外，并不能说明 U_1 比 U_2 效用低多少。

2. 无差异曲线的特征

从无差异曲线的走势、形状以及关系看，它具有 3 大特征：

① 无差异曲线向右下方倾斜。如图 3－2 所示，在曲线 U_1 上的一切商品组合点，比如 A、B、C、D，都能提供完全相同的满足程度。根据无差异曲线的定义，消费者在满足水平不变的条件下可以选择两种商品的不同组合。他可以通过放弃一定数量的 y 商品使消费减少，由此得到的满足才能增加一定数量的 x 商品的消费，且带来等量增加的满足，使总效用保持不变（比如改变 C 组合为 D 组合）。因为如果杰克要想保持 y 商品消费不变而增加 x 商品消费（比如由 C 变为 D'），或者同时增加 x 商品和 y 商品的消费（比如由 C 变为 C'），都会改变他的满足水平。所以，等效用曲线上的消费组合改变，两种商品的数量必须是此消彼涨、成反方向变动的，即无差异曲线是一条负相关的曲线。

② 无差异曲线向原点凸出。无差异曲线上的组合点的运动，实际上反映了两种商品之间的替代关系。比如曲线 U_1 上的 B 点向 C 点运动，实际上是杰克用增加 2 瓶软饮料的消费来替代 1 个汉堡包的消费。在经济学上，这种消费者为了保持同等效用水平，在增加单位 x 商品消费时所必须减少的 y 商品消费的数量，被称为边际替代率。边际替代率就是无差异曲线的斜率，通常用商品 y 的减少量 Δq_y 与商品 x 的增加量 Δq_x 之比来表示。由于同一无差异曲线上任意两种商品组合带来的效用相同，增加 Δq_x 所增加的效用必然等于减少 Δq_y 所减少的效用。所以有：

$$\frac{\Delta q_y}{\Delta q_x} = \frac{MU_x}{MU_y}$$

根据边际效用递减规律，随着 x 商品数量的增加，y 商品的数量必然相应地减少，从而 x 商品的边际效用 MU_x 越来越小，y 商品的边际效用 MU_y 越来越大。这就使得边际替代率或无差异曲线斜率递减，即无差异曲线是凸向原点的。无差异曲线凸向原点的弯曲程度完全取决于两种商品替代性的大小，即取决于边际替代率的递减速度。如果两种商品替代性强，边际替代率递减慢，无差异曲线的弯曲程度就小；反之，无差异曲线弯曲程度就大。极端地，如果两种商品是完全替代的，边际替代率不变，无差异曲线就是一条直线；如果两种商品根本不能替代，而是完全互补的，边际替代率为零，无差异曲线就是向原点成 90°凸出的折线。

③ 无差异曲线之间不能相交。同一条无差异曲线反映一种消费偏好和效用评价，不同的无差异曲线则代表不同的消费偏好和效用评价。如果两条无差异曲线相交，相交点就必然同时处在两条无差异曲线上，因而就应提供不同的满足或效用。但是，不同的满足要由不同的商品组合系列提供，而同一系列的商品组合只能提供相同的满足，这与无差异曲线本身的定义相

矛盾。因此,任意两条无差异曲线不能相交。

3.2.2 消费者预算线

消费者预算线(budget line)又称为消费可能性线(consumption possibility line)或价格线(price line)。假定消费者将其全部货币收入用于购买商品,预算线则是消费者花费其全部货币收入后所能购买的价格已定的商品量的集合。如果假定某消费者的全部货币收入 M 用于购买 X 和 Y 两种商品,X 商品的价格是 P_X,Y 商品的价格是 P_Y,X 商品的购买量是 Q_X,Y 商品的购买量是 Q_Y,则消费者的预算线表示为:

$$P_X \cdot Q_X + P_Y \cdot Q_Y = M$$

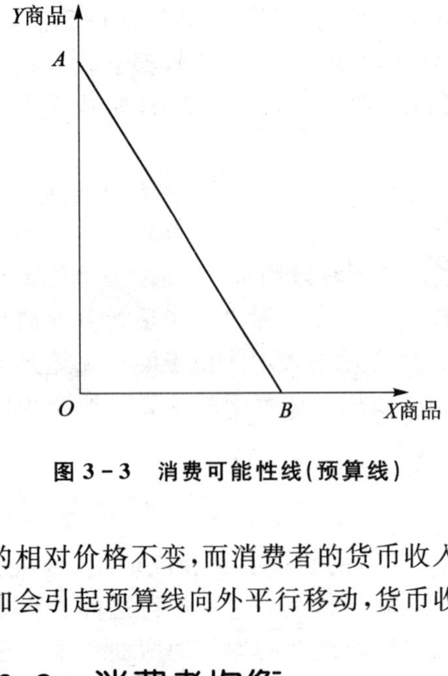

图 3-3 消费可能性线(预算线)

预算线的几何意义如图 3-3 所示。在以横轴表示 X 商品,纵轴表示 Y 商品的坐标平面上,预算线表示为纵轴上一点 A 到横轴上一点 B 的直线,即 AB 线。在预算线以下是消费者没有花费完其全部收入,在预算线以上则是其全部收入不能达到的购买量。预算线的斜率为两种商品价格的比率的倒数,即

$$\frac{\Delta Y}{\Delta X} = \frac{P_X}{P_Y}$$

预算线的形状由商品的价格与消费者的货币收入决定,消费者货币收入的变化或商品价格的变化都将改变预算线的形状。若 X 与 Y 两商品的价格发生变化,将会改变预算线的斜率。若商品的相对价格不变,而消费者的货币收入发生变化,将会使预算线发生平行移动。货币收入的增加会引起预算线向外平行移动,货币收入的减少会引起预算线向内平行移动。

3.2.3 消费者均衡

应用序数效用论,从无差异曲线的特征来看,无差异曲线离原点越远越能获得更大的满足,因此,消费者总想通过购买把无差异曲线尽量地推离原点,以便获得更大的满足。但消费者这种主观愿望要受到预算线的约束,所以同样可以用无差异曲线和预算线这两方面来说明消费者均衡。消费者均衡条件的几何意义如图 3-4 所示。

在图 3-4 中,AB 线是预算线,U_1、U_2 和 U_3 是 3 条位置越来越高的无差异曲线,AB 线与 U_1 相交于 a_1 和 b_1 点,与 U_2 相切于 E 点,这说明在商品的价格与消费者的收入都既定不变的条

件下，在 E 点消费者能获得效用的最大化。当有理性的消费者经过选择找到使他获得最大满足的 E 点时，只要货币收入、价格和偏好不发生变化，他就不会改变这一状态，这时就是消费者均衡状态。在 E 点上，预算线的斜率正好等于无差异曲线的斜率。消费者均衡的条件是：两种商品边际替代率等于两种商品价格之比，即

$$MRS_{XY}=\frac{\Delta Y}{\Delta X}=\frac{P_X}{P_Y}$$

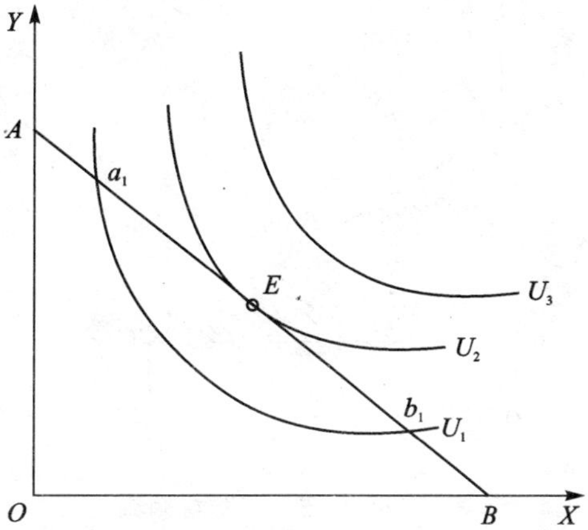

图 3-4　消费者平衡条件的几何意义

基数效用论的均衡条件是

$$\frac{MU_X}{MU_Y}=\frac{P_X}{P_Y}\quad 或 \quad \frac{MU_X}{P_X}=\frac{MU_Y}{P_Y}$$

而序数效用论的消费者均衡条件是

$$MRS_{XY}=\frac{\Delta Y}{\Delta X}=\frac{P_X}{P_Y}$$

可以看到，这两个公式实质上是相同的，只是形式上的差别，所以

$$MRS_{XY}\frac{\Delta Y}{\Delta X}=\frac{MU_X}{MU_Y}=\frac{P_X}{P_Y}$$

3.3 消费者行为理论的应用

3.3.1 消费者剩余

消费者剩余(consumer's surplus)是消费者愿意对某商品支付的价格与实际价格之间的差额。这个概念是马歇尔提出来的。根据边际效用递减规律，消费者先消费的每单位的商品，总是比最后消费的那个单位的商品具有更大的效用。但消费者所支付的每单位商品的价格，却是由消费的最后一个单位的边际效用所决定的。因此，消费者在先消费的每单位的商品中都得到了剩余，即消费者所得到的满足大于他所支付的代价。当这种剩余消失时，他就会停止对该商品的购买。所以消费者剩余也就是总效用与总价值之间的差额。

可以用前面表 3-1 例子来说明这个概念。假定市场上每只面包的价格是 0.2 元钱，每 1 元钱的边际效用量等于 10，从我们前面讲过的内容可知，消费者对某商品的需求价格，必定和他从这种商品中得到的边际效用相等。于是，这个消费者将买 5 只面包，共花去 1 元钱。而这 5 只面包给他带来的总效用是：20＋10＋5＋3＋2＝40，要大大超过 1 元钱的效用。其实，按照第一只面包的边际效用，他本来是愿意为它支付 2 元钱的，按照第二只面包的边际效用，他本

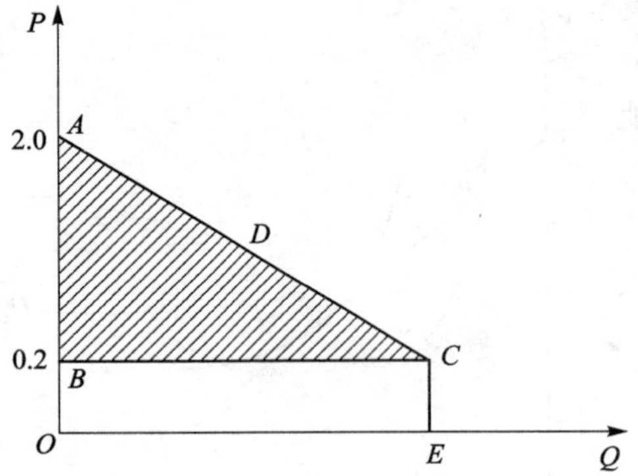

图 3－5 消费者剩余

来是愿意为它支付 1 元钱的，以此类推。但现在面包的市场价格是 0.2 元一只，因此，这五只面包他都按 0.2 元的价格支付。如果按照他逐个得到的商品的边际效用来支付的话，他本来是愿意为这五只面包支付 4 元钱的，要比他实际支付的多 3 元钱。这 3 元钱所代表的 30 个效用量，便是消费者消费五只面包所得到的消费者剩余，如图 3－5 所示。图中需求曲线是 AD，购买量是 OE，梯形 $AOEC$ 的面积相当于消费 OE 这么多面包所获得的总效用，而消费者为这些面包所付出的代价却只相当于矩形 $BOEC$ 的面积。三角形 ABC 的面积就相当于消费者剩余。

3.3.2 消费者均衡的变动

在讨论了实现消费者均衡的条件之后，我们再来考察一下与消费者均衡有关的条件发生变化之后，消费者均衡点将会如何变动。

1. 价格－消费曲线（price-consumptionCurve）

它反映价格变动对消费者均衡的影响。

在消费者收入不变和其他商品的价格不变时，某种商品的价格发生变化必然引起预算线斜率的改变，使预算线与新的无差异曲线相切从而引起消费者均衡点的移动。把该种商品不同价格水平下的消费者均衡点连接起来，就是价格－消费曲线。假设 Y 商品的价格不变，X 商品的价格由 P_0 下降到 P_1，再下降到 P_2，其中 $P_0>P_1>P_2$。预算线将以 A 为轴心逆时针旋转，由 AB_0 到 AB_1，再至 AB_2。AB_0 与无差异曲线 U_0 相切于 E_0 点，AB_1 与无差异曲线 U_1 相切于 E_1 点，AB_2 与无差异曲线 U_3 相切于 E_2 点，将 E_0、E_1 和 E_2 连接起来，便是价格－消费曲线，如图 3－6 所示。

2. 收入－消费曲线（income-consumptionCurve）

它反映收入变动对消费者均衡的影响。

在价格不变的情况下，消费者收入的任何变化都会引起预算线平行移动。预算线的每一次移动总与新的无差异曲线相切，从而引起消费者均衡点的移动。如果把不同收入水平下的消费者均衡点连接起来，就是收入－消费曲线。假设，消费者的货币收入不断提高，由 M_0 提高到 M_1，再由 M_1 提高到 M_2，$M_0>M_1>M_2$。M_0、M_1 和 M_2 三种不同的收入水平下的预算线分别为 A_0B_0、A_1B_1 和 A_2B_2。随着预算线平行上移，较高的预算线将与较高的无差异曲线相切，形成新的消费者均衡点，预算线的变动引起预算线和无差异曲线切点的移动，把随收入变化而变化的消费者均衡点，即 E_0、E_1 和 E_2 连接起来，就可以得到一条新的曲线。这条新曲线叫作收入-消费曲线，如图 3－7 所示。

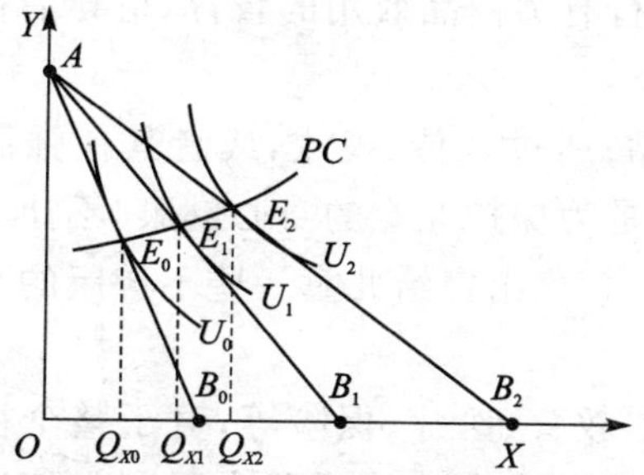

图 3－6　价格-消费曲线

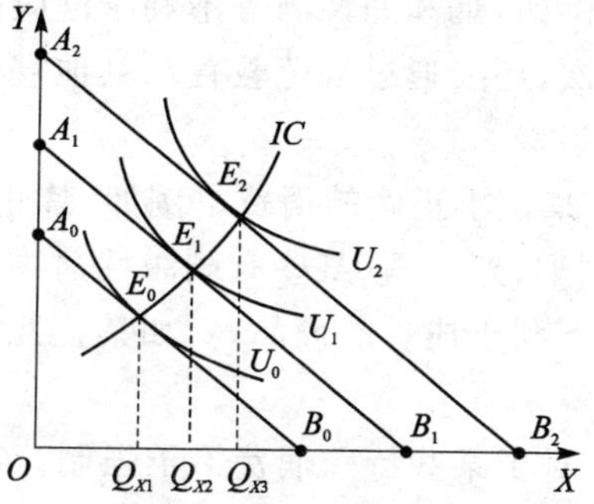

图 3－7　收入-消费曲线

3.4　消费政策

3.4.1　消费者行为理论的局限性和保护消费者政策

消费者行为理论是要说明，在消费者具有消费自由的条件下，自行决定消费就可以实现效用最大化。但是，这种理论是以以下 3 个暗含的假设条件作为前提的：

① 消费者是完全理性的，即他们对自己消费的物品有了完全的了解，而且自觉地把效用最大化作为目标。

② 存在消费者主权，即消费者决定自己的消费，而消费者的消费政策又决定了生产。

③ 效用仅仅来源于物品的消费。

而在实际生活中，满足以上 3 个假设条件却是不现实的。首先，消费者由于受修养、文化、习俗、思想意识等的影响，并不可能具有完全的消费理性，也不能自觉地追求满足程度的最大化。其次，消费者的消费行为要受到许多社会因素的影响，特别是受到广告宣传的影响，消费者主权受到生产者的操纵。最后，消费者满足程度的提高并不完全取决于所消费的物品的增加，人们在物品的消费之外还有许多享受，如闲暇、清新而安静的环境等。片面强调消费物品的增加，有时不仅不能给消费者带来幸福，反而会引起环境污染、自然资源受到破坏、社会风尚败坏等问题。

为了指导消费者的消费行为，并保护消费者利益，就需要有各种保护消费者的措施：

① 确保商品的质量。由政府及有关组织颁布商品最低限度的质量标准，规定任何的商品

都必须符合相应的质量标准，并且由政府的有关机构对商品进行检验。同时，要求厂商把商品的成分和可能的效用向消费者公布，不得保密。

② 正确的消费宣传。这首先要求商品广告和商品说明书必须诚实可靠，对广告要有一定限制。例如，烟和烈性酒等不利于健康的商品不得进行广告宣传，广告要对商品作如实的介绍等。其次，还要通过规范教育与其他宣传形式向公众进行有关商品效用的教育，指导消费者正确进行消费。

③ 禁止不正确的消费。例如，禁止出售枪支和毒品；通过宣传、税收，或者其他强制性措施，限制烟、烈性酒、某些有刺激性药物等的销售。特别是为保护儿童的身心健康，不让儿童消费一些不利于成长的商品，例如禁止儿童进入成人影院，禁止出售给儿童一些不健康的玩具或者书刊等。

④ 对于某些特殊消费给予强制。有一些消费，例如教育、医疗、保险等，对于整个社会和个人都是十分必要的，社会主要通过法律（例如义务教育法）或者经济手段来强制人们进行这类消费。

⑤ 对于某些行业的从业人员的素质进行必要的规定。这主要是指对提供医疗服务的医生、提供法律服务的律师和提供教育服务的教师的资历和素质做出规定，并进行职业资格考试，考核合格方可从事这类职业，以保证消费者能得到合乎标准的服务。

⑥ 在价格管制政策中的限制价格政策，也是一种对消费者的保护政策。这种政策可以防止消费者受垄断厂商的侵害，并能保证社会上所有的人都能得到基本生活品。

⑦ 建立“消费者协会”这类组织，保护消费者的利益。这种组织是非官方组织，它可以接受消费者对产品与劳务质量、价格等方面的申诉，代表消费者向厂商提出诉讼，以及通过各种形式，为保护消费者的利益服务。

3.4.2 消费外在化的干预政策

从传统的行为理论来看，消费完全是个人的问题。但实际上，个人消费不仅是个人问题，而且是整个社会的问题，它对社会是有影响的。消费外在化，就是指个人消费者对社会的种种影响，如：个人的消费对社会资源的配置与利用的影响；个人的消费给社会带来一些不利的影响，例如，小汽车的普及会使环境污染更加严重，交通拥挤；个人消费对社会风尚的影响，例如个人的某些浪费性高消费，有可能败坏社会风气，引起社会犯罪率上升。消费外在化的干预政策就是用法律或者经济手段对某些不利于社会经济发展的消费加以必要的限制和正确的引导。例如，用资源保护法禁止或限制人们对某些珍惜动物的消费，用提高水价的方法来限制人们对水资源的浪费等。

总之，既要尊重消费者的个人自由，又要维护整个社会的利益。

思考与自测

1. 怎样理解边际效用理论？
2. 基数效用理论消费者均衡的条件是什么？
3. 什么是无差异曲线？它有什么特征？
4. 序数效用理论消费者均衡的条件是什么？请画图说明。
5. 消费者剩余是消费者实际获得的吗？请画图说明。
6. 为什么钻石对人的用途有限却很昂贵，水是生命必不可少的却很便宜？
7. 什么是收入-消费曲线，如何从收入-消费曲线推导出恩格尔曲线？
8. 什么是价格-消费曲线，如何从价格-消费曲线推导出需求曲线？

第 4 章

生产者行为理论

需求和供给是决定价格的两个方面。在第 3 章中，分析了消费者资源配置的行为原则，从而揭示了需求是受消费者行为决定的。本章和下一章要研究生产者的行为，即生产者的资源配置和定价行为，从而揭示供给是如何决定的。从这个意义上讲，生产者行为分析也是第 2 章的继续和发展。生产和成本理论，主要是研究理性的生产者如何做出要素投入和要素组合的选择，以实现资源的合理配置和最低成本的生产。

4.1 生产与生产函数

4.1.1 生产者和生产要素

在经济学中，生产者又称为厂商，是生产行为的决策者。他决定生产什么、生产多少，以及如何生产。与居民一样，厂商也是一个决策单位。厂商可以是个人企业、合伙企业和公司企业。公司企业又可分为独资公司、有限责任公司、股份有限公司和两合公司等。换言之，大公司的董事长、合资企业的经理、独资的小杂货店老板，以至于菜市场的菜贩、地摊的小贩，都是生产者。尽管厂商形式多样，但经济学通常假定他们都是信息充分、精于计算、富有理性的"经济人"，其目的是获得最大化的利润。生产者是生产行为的核心，而生产要素则是生产的基础，厂商进行任何生产都必须投入生产要素。在经济学上，生产要素又称投入要素，是指厂商在生产中使用的一切经济资源。劳动、资本、土地和企业家才能都可能成为生产中不可或缺的投入要素。在这些投入要素中，有些生产要素，厂商较难在一定生产时期内改变其投入量，比如厂房、设备以及关键性的管理和技术人员等。经济学把这部分在一定时期内难于调整其投入量的要素称为固定要素。固定要素决定企业的生产潜力和生产规模。与固定要素不同，还有部分生产要素，厂商在一定生产时期内很容易改变它们的投入数量，比如一般的原材料和普通工人。这部分生产要素被称为变动要素。变动要素只决定厂商在既定生产规模下的某个确定产量水平。固定要素与变动要素的划分是相对的，它们因时期长短、行业性质和生产技术的差异而不同。

4.1.2　生产函数

在一定技术水平下，生产过程中投入的各种不同的生产要素的数量及其组合比例与生产出来的产品产量之间存在着一定的依存关系，即投入一定数量的要素，就会有一定数量的产出与之相对应。投入与产出的这种关系可以用函数形式表示出来，这种函数就是生产函数(production function)，它表示在既定技术条件下，生产要素的数量与某种组合和它所能产出来的最大产量之间的依存关系。设 Q 代表产出，L、K、N 和 E 分别代表劳动、资本、土地、企业家才能这四种生产要素，则生产函数的一般形式为：

$$Q = f(L, K, N, E)$$

在分析生产要素与产量的关系时，由于土地是较为固定的，企业家才能难以测算，因此，一般把生产函数写成：

$$Q = f(L, K)$$

这一函数表明，在一定技术水平时，生产 Q 的产量，需要一定数量的劳动与资本的组合。同样，生产函数也表明，在劳动与资本的数量与组合为已知时，也就可以推算出最大的产量。生产函数的概念有两点基本性质：

① 在既定的技术水平下，如果各种生产要素的数量增加，产出量也随之增加。因此，产出量是各生产要素的增函数。

② 生产函数表示的产出量是最大的。

注意：生产函数的前提条件是一定时期内既定的生产技术水平，一旦生产技术水平变化，原有生产函数就会变化，从而形成新的生产函数。

4.1.3　技术系数

生产不同的产品时，厂商所投入的各种生产要素的配合比例是不同的。这种为生产一定数量的某种产品所需要的各种生产要素的配合比例称之为技术系数(technological coefficient)。如果生产某种产品所需要的各种生产要素的配合比例是不能改变的，这种技术系数称为固定技术系数。它表明各种生产要素之间不能相互替代。这种固定技术系数的生产函数称为固定配合比例生产函数。

如果生产某种产品所需要的各种生产要素的配合比例是可以改变的，这种技术系数称为可变技术系数。它表明生产要素之间可以相互替代。一般地，对于大多数产品的生产，技术系数是可变的，即劳动与资本的组合比例是可以变动的。例如，为了生产一定数量的产品，可以采用多用劳动、少用资本的劳动密集型生产方法，也可采用多用资本、少用劳动的资本密集型生产方法，这样的生产函数称为可变比例的生产函数。

4.1.4 常见的生产函数

1. 里昂惕夫生产函数

固定投入比例生产函数也称为里昂惕夫生产函数，是指每一产量水平上任何一对要素投入量之间的比例都是固定的生产函数。假定生产过程中只使用劳动和资本两种要素，则固定投入比例生产函数的通常形式为：

$$Q = \mathrm{Min}(L/u, K/v)$$

式中，Q 为产量，L 和 K 分别为劳动和资本的投入量，常数 u 和 v 分别为固定的劳动和资本的生产技术系数，它们分别表示生产一单位产品所需的固定的劳动投入量和资本投入量。上式的生产函数表示产量 Q 取决于 L/u 和 K/v 这两个比值中较小的那一个，即使其中的一个比值较大也不会提高产量 Q。因为常数 u 和 v 作为劳动和资本的生产技术系数是给定的，即生产必须按照 L 和 K 之间的固定比例进行，当一种生产要素的数量不能变动时，另一种生产要素的数量再多，也不能增加产量。

2. 柯布-道格拉斯函数

柯布-道格拉斯函数被认为是一种很有用的生产函数，因为该函数以简单的形式描述了经济学家所关心的一些性质，它在经济理论的分析和实践中具有一定的意义。该生产函数的一般形式为：

$$Q = AL\alpha K\beta$$

式中，Q 为产量，L 和 K 分别为劳动和资本投入量，A、α 和 β 为三个参数，$0<\alpha,\beta<1$。参数 α 和 β 的经济含义是：α 为劳动所得在总产量中所占的份额，β 为资本所得在总产量中所占得的份额。还可以根据两个参数之和来判断规模报酬的情况。若 $\alpha+\beta>1$，则规模报酬递增；若 $\alpha+\beta=1$，则为规模报酬不变；若 $\alpha+\beta<1$，则为规模报酬递减。

4.2 一种可变要素的合理投入

4.2.1 边际收益递减规律

边际收益递减规律(lawof diminishing marginal utility)简称报酬递减规律。它的基本内容是：在技术水平不变的情况下，当把一种可变的生产要素投入到一种或几种不变的生产要素中时，最初这种生产要素的增加会使产量增加，但当它的增加超过一定限度时，增加的产量将要递减，最终还会使产量绝对减少。例如，在一块田里耕种，起初增加一个劳动力，产量可能增加许多，如果再增加劳动力，产量的增加量会越来越小，最后甚至为零。

关于边际收益递减规律需要作些说明：

① 边际收益递减规律的前提条件是技术水平不变。若技术水平发生变化，这个规律就不存在。

② 随着可变要素的连续增加，边际产量变化要经历递增、递减，最后变为负数的全过程。递增是因为固定要素在可变要素很少时潜在效率未充分发挥出来。一旦固定要素潜在效率全部发挥出来了，边际产量就开始出现递减。但是，边际产量递增与报酬递减规律并不相矛盾。因为这个规律的意义在于，当一种要素连续增加时，迟早会出现边际产量递减的趋势，而不是规定它一开始就递减。

③ 边际收益递减规律只适用于可变要素比例的生产函数。如果要素比例是固定的，这个规律也不成立。

④ 边际收益递减规律与边际效用递减规律一样无须提出理论证明。它是从生产实践中得来的基本生产规律，边际产量是可以计量的。与之相比，边际效用递减规律是从消费者心理感受中得来的，边际效用是不可计量的。

边际报酬递减规律是研究一种生产要素合理投入的出发点。

4.2.2　总产量、平均产量和边际产量的关系

总产量，是指投入一定数量生产要素所获得的产出量的总和。平均产量，是指平均每单位生产要素投入的产出量。边际产量，是指增加一单位生产要素投入量所增加的产量。在几何的意义上，边际产量是总产量曲线的斜率，而平均产量则是总产量曲线的射线斜率。因此，根据边际收益递减规律和图 4-1 中的 MP 曲线，我们能够推导出图 4-1 中的总产量曲线（TP）和平均产量曲线（AP）。

1. 总产量与边际产量

边际产量递增，总产量必然增大，而且以递增的速率递增，因而总产量曲线斜率增大，趋于陡峭；反之，边际产量递减但大于零时，总产量必然增大，但是以递减的速率递增，总产量曲线斜率减小，趋于平缓；如果边际产量递减且小于零，则总产量必然降低。

边际产量从递增区间转向递减区间，如图 4-1 中投入 L_1 个单位劳动时，边际产量最大，在边际产量曲线上形成一个拐点。当边际产量由正值区间转向负值区间，即边际产量为零时，总产量最大。如图 4-1 中，当劳动投入为 L_3 个单位时，边际产量为零，总产量在由递增向递减转折中达到最大。

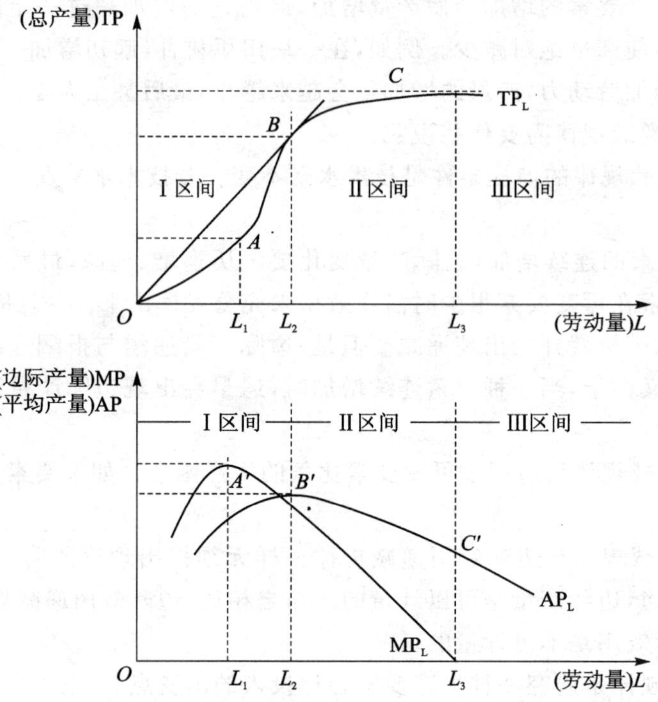

图 4-1　总产量、平均产量和边际产量曲线图

2. 平均产量与边际产量

只要边际产量大于平均产量，如图 4-1 中劳动投入小于 L_2 个单位时，平均产量必然递增；反之，当劳动投入大于 L_2 个单位时，边际产量小于平均产量，平均产量必定下降。在平均产量从递增转为递减的转折点上，边际产量等于平均产量，平均产量最大。在图 4-1 中，当劳动投入为 L_2 个单位时，平均产量最大，且与边际产量相交。

上述总产量、平均产量和边际产量的关系适用于一切存在固定投入的生产。

4.2.3　一种要素的合理投入

生产要素的合理投入区间由于边际产量递减，在存在固定投入要素时，厂商只能依靠可变投入要素的增加来扩大产量，但又不能依靠无限增加变动投入要素来扩大产量及收益，而必须把可变投入要素限定在一定范围内，以尽可能少的要素投入获得尽可能大的产出。

经济学为分析投入的效率，把要素投入区间划分为三个，如图 4-1 所示。

① Ⅰ区间，即平均产量递增、总产量也递增的区间。比如 $L<L_2$。在这个区间中，由于劳动力相对不足，只要增加劳动投入，就一定能提高平均产量和总产量，因而理性的厂商决不会

将其劳动投入限制在Ⅰ区间内的任何点上，而力求扩大劳动投入量。这个区间是不合理的投入区间。

② Ⅲ区间，即边际产量为负、总产量递减的区间。比如 $L>L_3$。在这个区间中，即使劳动投入是免费的，厂商也不会投入，而是将把劳动投入限制在小于 L_3 的水平上。因为在这个区间中，存在过度劳动投入，继续增加劳动投入反而会减少平均产量和总产量。这个区间仍然是不合理投入区间。

③ Ⅱ区间，即平均产量递减、总产量递增的区间。比如 $L_2 \leqslant L \leqslant L_3$。劳动投入小于 L_2 个单位和大于 L_3 个单位这两个区间都是不合理投入区间。但当劳动投入小于 L_2 时，厂商可以通过增加劳动投入来扩大产出，而当劳动投入大于 L_3 时，厂商则可以通过减少劳动投入来扩大产量。因此劳动投入介于 L_2 个单位和 L_3 个单位的区间，就是合理投入区间。诚然，具体在该区间的哪一点上获得的利润最大，还要取决于要素价格和产品价格。应该指出的是，劳动投入区间的划分和选择，实际上是对资源配置比例的划分和选择。如果资本的量为 K 单位，则从图 4－1 中可以得出：当 $L<L_2$ 时，劳动与资本的组合比例就介于 $0 \sim L_1/K$ 之间，资源配置不可能达到最优；当 $L>L_3$ 时，劳动与资本的组合比例大于 L_3/K，资源仍不可能达到最佳配置；只有当 $L_2 \leqslant L \leqslant L_3$ 时，劳动与资本的组合比例在 $L_2/K \sim L_3/K$ 之间，这种资源配置才可能是较合理的。当然，最优的劳动或资本投入的决定应遵循利润极大化原则。

4.3　两种可变要素的合理投入

4.3.1　等产量线

等产量曲线类似效用理论中的无差异曲线。它是在技术水平不变的条件下生产同一产量的两种要素投入量的各种不同组合的轨迹。以 Q 表示既定的产量水平，则与等产量曲线相对应的生产函数为：

$$Q = f(L, K)$$

显然，这是一个两种可变生产要素的生产函数，如，我们为了获得 50 单位的产出，劳动和资本至少有四种组合方式：即 (L,K) 为 $A(1,8)$，$B(2,4)$，$C(4,2)$，$D(8,1)$。等产量表如表 4－1 所列。

在平面图上，若以横轴和纵轴分别表示劳动和资本投入量，将劳动和资本的上述各个组合点连接起来，就可以得到图 4－2 中一条产出为 50 单位的等产量线 Q_1。假定投入要素可以无限组分，则还可以找到生产 50 单位产量的无限个要素组合点，这样，等产量线就是一条平滑的曲线，沿着这条线的对应的任何要素组合点，都可获得既定的产量。若假定产量也是可以无限细分的，则在理论上可以有无数条表示有不同产出水平的等产量曲线，如图 4－2 所示中的 Q_2

和 Q_3。

表 4-1 等产量表

组合	资本投入	劳动投入	产量
A	1	8	50
B	2	4	50
C	4	2	50
D	8	1	50

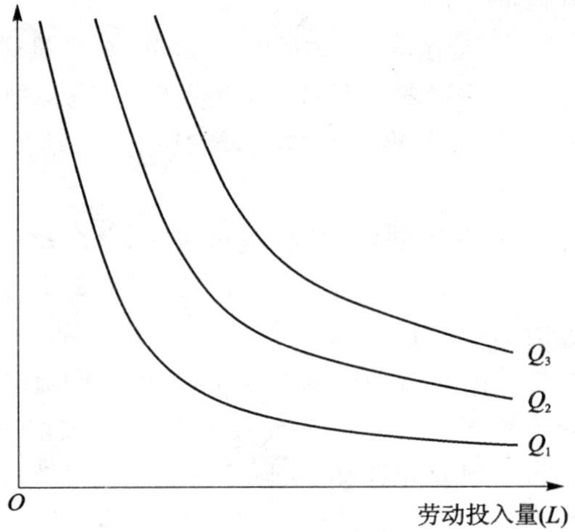

图 4-2 等产量曲线

等产量曲线有以下特征:

① 等产量曲线是一条向右下方倾斜的线,其斜率为负值。这表明,在生产者的资源和生产要素价格既定的条件下,为了达到相同的产量,在增加一种生产要素时,必须减少另一种生产要素。两种生产要素的同时增加是资源既定时无法实现的,两种生产要素的同时减少不能保持相等的产量。

② 在同一平面上,可以有无数条等产量曲线。同一条等产量曲线均代表相同的产量水平。离原点越远的等产量曲线代表的产量水平越高,离原点越近的等产量曲线代表的产量水平越低。在图 4-2 中 $Q_1<Q_2<Q_3$。

③ 在同一平面上,任意两条等产量曲线不能相交。因为交点上两条等产量曲线代表了相同的产量水平。同第二个特征相矛盾。

④ 等产量曲线是一条凸向原点的线。这是由边际技术替代率递减决定的。

4.3.2 等成本线

等产量线上任何一点都代表生产一定产量的两要素组合,是技术上可行的组合,具体选择何种组合则取决于生产这些产量的总成本。要素成本依存于要素价格,要讨论要素的最优组合,需要引入等成本线这个概念。等成本线是生产要素价格一定时,花费一定的总成本能购买的生产要素组合的轨迹。将这些组合的轨迹绘制在一个坐标图中,每条直线代表一定成本条件下要素组合的轨迹,即等成本线。

如以 K 和 L 分别代表购买的资本品与劳动的数量，则存在下列方程式：

$$C = K \times P_K + L \times P_L$$

它在横轴与纵轴的截距为 C/P_K 和 C/P_L，分别表示全部成本都用于购买 K 或用于购买 L 的数量。此直线的斜率为负值。等成本线如图 4-3 所示，具有以下的特点：

① 当成本 C 一定时，如果不买劳动只买资本，则 $C = P_K \cdot K$；如不买资本，单买劳动，则 $C = P_L \cdot L$，因此 $P_L \cdot K = P_L \cdot L$，即 $K/L = P_L/P_K$，即等成本线斜率绝对值 $|K/L|$ 等于两种要素 L 和 K 的价格之比。

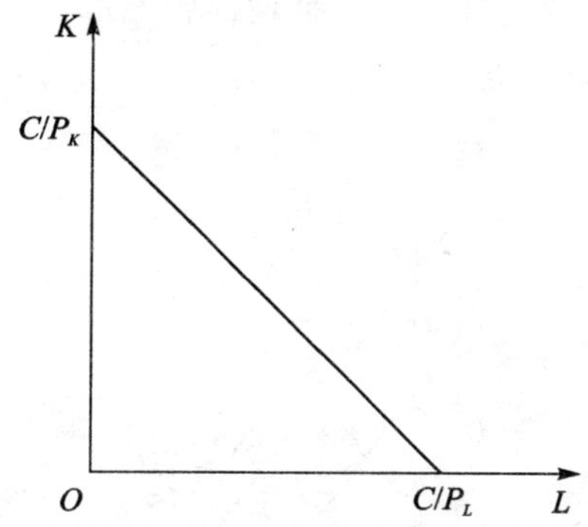

图 4-3 等成本线

② 等成本方程 $C = P_K \cdot K + P_L \cdot L$ 可写为 $K = C/P_K - P_l/P_K \cdot L$。$P_K$ 和 P_L 是正值，则 $K = C/P_K - P_L/P_K \cdot L$ 这条直线的斜率 P_L/P_K 是负数，表示 L 与 K 的数值呈相反方向变化，即增加 K 的购买量必减少 L 的购买量，增加 L 的购买量，必减少 K 的购买量。

③ 在要素价格给定时，每个总成本都有一条等成本曲线。生产要素价格不变时，成本增加了，等成本曲线将向右上方平行移动。反之，向右下方平行移动。

等成本线类似于消费理论中的预算线。

4.3.3 生产要素最适组合

利用等产量线和等成本线来分析生产要素最佳组合。

生产要素最适组合是指在既定产量下达到成本最小的生产要素组合，或在总成本既定时，实现产量最大的生产要素组合。它又称为生产者均衡。先考察产量既定时，成本最小的生产要素最适组合，如图 4-4 所示。由于产量既定，因而只有一条等产量曲线，Q 代表既定的等产量曲线，A_1B_1、A_2B_2 和 A_3B_3 是三条等成本线。其中，A_1B_1 成本最低，但它与等产量线既不相交又不相切，因而要生产既定产量 Q 是不可能的；A_3B_3 成本最高，且与等产量线相交于 C 和 D 点，可以生产出既定产量 Q，但不符合成本最小原则；厂商要实现等产量线 Q 所代表的产量水平，只有选择等产量线与等成本线 A_2B_2 相切的 E 点，才能以最小成本实现既定产量。E 点就是生产要素的最优组合点，即生产者均衡点。下面考察成本既定时产量最大的生产要素最优组合，如图 4-5 所示。由于成本既定，因而只有一条等成本线 AB，Q_1、Q_2 和 Q_3 是三条不同的等产量线。其中，产量水平最低的 Q_1 与等成本线 AB 相交于 C 点和 D 点，意味着既定成本生产 Q_1 的产量能达到，但没有实现产量最大化；产量水平最高的 Q_3 与等成本线 AB 既不相交又不相切，意味着既定成本不可能达到 Q_3 所代表的产量水平；只有等产量线 Q_2 与等成本线 AB

相切的 E 点，才是厂商选择的生产要素最优组合点，即生产者均衡点。生产者均衡点表示生产者所选择的生产要素组合，是成本既定时产量最大的组合，或者是产量既定时成本最小的组合。在生产者均衡点上，生产者用既定成本生产出最大产量，或者生产既定产量耗费了最小成本，实现了成本最小化、产量最大化，以至实现利润最大化。只要其他条件不发生变化，生产者是愿意继续保持这种均衡状态的。

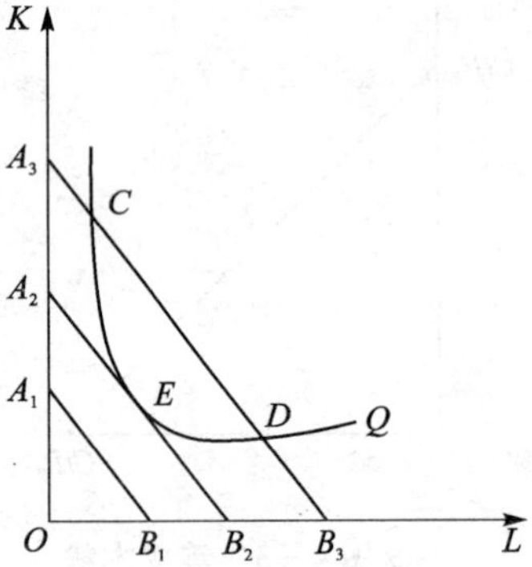

图 4-4 产量既定时的成本最小化

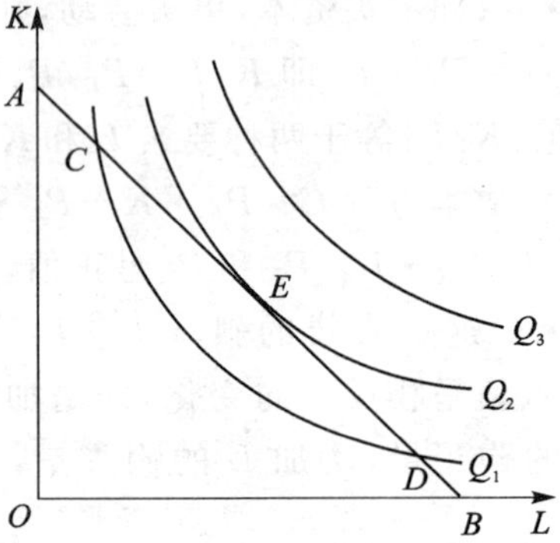

图 4-5 成本既定时的产量最大化

4.3.4 产量扩张线

由于成本和要素价格变化会引起等成本曲线移动，生产技术的进步会引起等产量曲线移动，而等成本曲线和等产量曲线的变动又会使最佳要素组合点运动。这些最佳要素组合点的运动轨迹就是产量扩张线，如图 4-6～图 4-8 所示。

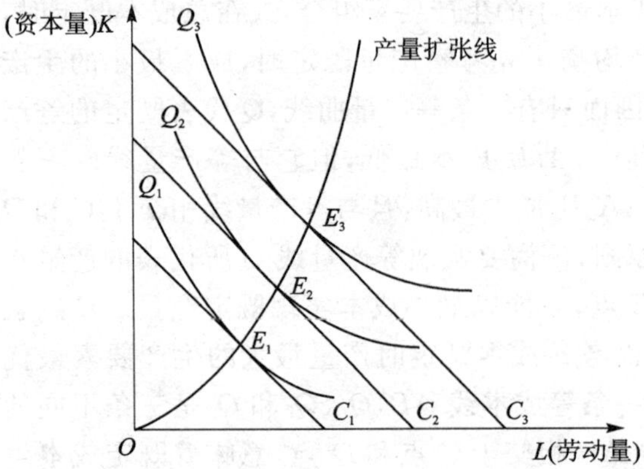

图 4-6 产量扩张线——资本密集型

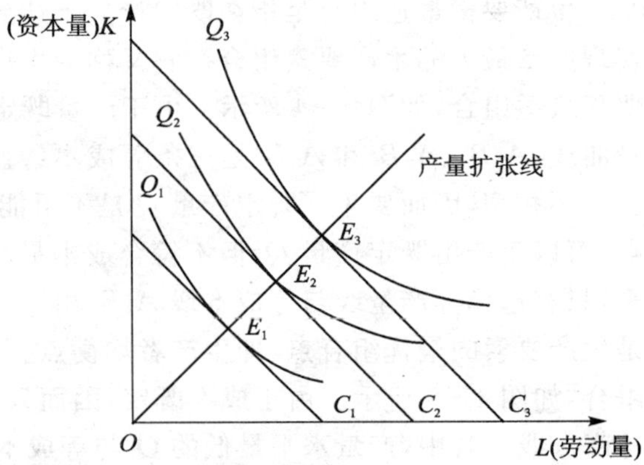

图 4-7 产量扩张线——劳动比保持不变

产量扩张线的斜率决定于扩张过程中资本-劳动比的变化。如果资本-劳动比在生产扩张中保持不变，进行固定比例的生产，则扩张线是由原点引出的射线。射线的斜率等于不变的资本-劳动比，如图 4-7 所示。若随产量扩张，以更多的资本替代劳动，扩大资本-劳动比，则为资本密集型扩张，扩张线趋于陡峭，如图 4-6 所示。若实行劳动密集型扩张，以更多的劳动替代资本，资本-劳动比下降，扩张线趋于平缓，如图 4-8 所示。无论产量扩张线是何种形状，它都表明厂商沿着产量扩张线的路线调整要素组合，都能实现产量最大或成本最低的产量扩张。当然，引起产量扩张的因素是不一样的：在要素价格不变时，由于成本变化导致生产者均衡改变，称为成本效应；而在成本不变时，由于要素价格变化导致生产者均衡改变，称为价格效应。价格效应是由价格的替代效应和价格的产量效应构成的。当一种要素价格变化，而另一种要素价格固定不变时，厂商就会以相对便宜的投入要素替代相对昂贵的投入要素，从而改变既有的要素组合，这就是价格的替代效应。同时，由于要素价格变化使总成本购买力变化，从而要素购买量改变，这就是价格的产量效应。

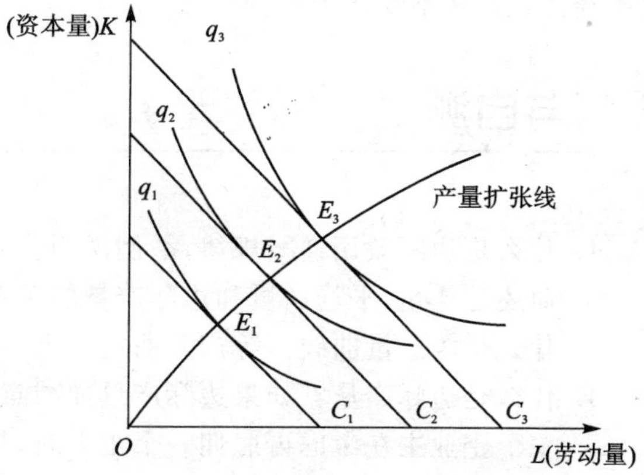

图 4-8　产量扩张线——劳动密集型

4.4　规模经济

如果在生产过程中，所有投入要素的数量都发生变化，就会产生规模经济问题。所谓规模经济(economics of scale)是指厂商采用一定的生产规模所能获得的经济利益，即在生产技术不变的条件下，企业生产规模的变动(各种生产要素按同样的比例变动)引起产量或收益变动的情况。当一个厂商持续地扩大其企业规模时，产出当然会增加，但是增加的幅度一般要经历以下三个阶段：第一阶段是规模收益递增的阶段。当厂商最初扩大工厂规模时，产量增加的幅度将大于规模扩大的幅度。例如，规模扩大了一倍，导致产量扩大了两倍。第二阶段是规模收益不变的阶段。在产量增加的幅度大于规模扩大的幅度后，厂商继续扩大工厂规模，产量增加的幅度将等于规模扩大的幅度。例如，规模扩大了一倍，产量也扩大了一倍。第三阶段是规模收益递减的阶段。经历了规模收益不变阶段后，厂商如果还继续扩大工厂规模，产量增加的幅度将会下降到小于规模扩大的幅度。例如，规模扩大了一倍，产量只增加了一半。生产规模扩大之所以会引起产量及收益的不同变动，可以用内在经济与外在经济以及与它们对应的内在不经济与外在不经济来解释。

思考与自测

1. 什么是边际效用递减规律，举例说明。

2. 简述总产量、平均产量和边际产量的关系，并画图说明。

3. 什么是等产量曲线？等产量曲线与无差异曲线在性质上有何异同？

4. 什么是边际产量？如果边际产量递减意味着什么？

5. 一个企业主在考虑再雇佣一个工人时，在劳动的平均产量和边际产量中他更关注哪一个？为什么？

第 5 章

成本与收益

5.1 成　本

5.1.1 会计成本与机会成本

经济学中所研究的成本与会计学中的成本概念是不同的。所谓会计成本（accounting cost）是指厂商在生产过程中按市场价格直接支付的一切费用，这些费用一般均可以通过会计账目反映出来；而经济分析中所使用的成本，比财务分析中的会计成本的内涵要丰富得多，它不仅包括了会计成本，还要考虑相应的机会成本。

机会成本这一概念是指，如果一种生产要素被用于某一特定用途，它便放弃了在其他替代用途上可能获取的收益，这笔收益就是这一特定用途的机会成本。当经济学家讲企业生产成本的时候，他们包括生产物品与劳务量的所有机会成本。

5.1.2 显成本与隐成本

显成本通常是由明确的契约关系所规定的厂商必须进行现实支付的成本。显成本是厂商已付款和契约债务的总和，它通常有厂房设备的折旧，购买原材料、燃料和动力的费用，支付给雇员的薪金和工资，还有广告费，保险费，税金及贷款利息等。显然，显成本就是会计成本。

隐成本是不由契约关系规定而需要补偿的厂商自有生产要素的开支。隐成本也可看成是厂商使用自有生产要素所丧失的机会价值。它主要包括企业主运用自有资金及其他实物资产经营企业所丧失的利息和租金收入，以及企业主亲自从事经营活动所丧失的工薪收入。由于厂商自有生产要素的稀缺性和多用途性，厂商的隐成本一般是大于零的，因此经济成本总是大于会计成本。

5.1.3 会计利润、正常利润和经济利润

利润(profit)是总收益减去总成本(生产成本)的差额。利润分会计利润和经济利润两类,会计利润是厂商销售产品的总收益减去会计成本(显成本)后的余额。

经济利润也称为超额利润,其与总收益和生产成本的关系为:

经济利润=总收益－生产成本(总成本)

如果用 π 表示厂商的利润,TR 表示总收益,TC 表示生产成本,则:

$$\pi = TR - TC$$

经济利润是厂商生产经营活动的一项最重要的指标,厂商有无经济利润,以及经济利润是多少,是其进行生产经营活动决策的主要依据。厂商的经济利润可能出现三种情况:

① $\pi > 0$,即 $TR > TC$,厂商可以获得超额利润。这种情况下,厂商的现有投资方向和决策是合理的,并优于其他投资方向,这时他会继续保持原有的选择。

② $\pi = 0$,即 $TR = TC$,厂商正好能够获得正常利润。这种情况下,厂商虽然没有经济利润,但他也不会轻易改变投资方向,除非新的投资方向能有稳定的经济利润。

③ $\pi < 0$,即 $TR < TC$,厂商将发生亏损。这种情况下,厂商的纯收益低于正常利润,这时他将会重新考虑其投资方向,以争取至少能获得正常利润。

正常利润是指厂商继续留在原有的行业继续经营所必须获得的最低收入,它属于隐成本,包含在厂商的生产成本中。

5.1.4 私人成本和社会成本

私人成本(private cost)是指个别厂商从事生产活动所应支付的成本。它包含显成本和隐成本,即厂商的生产成本。社会成本(social cost)是指整个社会所支付的成本。例如一个化工厂将生产过程中产生的污水直接排入河流,对厂商而言,处理污水的私人成本几乎为零。但是,一旦河流被污染就会减少或者损失其他人的利益,如河水变得不能饮用,河里的鱼虾死亡等,这就存在着由他人负担的额外成本,从而构成社会成本。社会成本是整个社会在制定经济决策和立法时应该考虑的重要因素。但是作为以追求利润最大化为目标的个别厂商,在生产经营决策中往往考虑的是私人成本,而不是社会成本。因此,在经济学分析中,通常略去了社会成本,仅仅分析私人成本。

5.1.5 成本函数

成本,通常来说是指厂商为了得到一定数量的商品或劳务所付出的代价。换言之,成本是厂商生产一定数量的商品或提供一定数量的劳务所耗费的生产要素的价值。

我们先来分析成本函数,成本不只是一定量货币,它总和一定数量产品相联系。这种产品数量和相应成本之间的函数关系称为成本函数,记作:

$$C = \Phi(Q)$$

这里 C 为成本,Q 为产量。

成本分析之所以要讨论成本函数,是因为企业决定生产多少产量,必须比较收益和成本的关系以求利润极大化。而收益和成本都是会随产量变动的,因此,人们必须研究成本和产量的关系。成本函数取决于两个因素:生产函数和投入要素的单位价格。生产函数所反映的是投入的生产要素与产出的物质技术关系,它揭示在各种形式下厂商为了得到一定数量产品至少要投入多少单位生产要素。生产函数结合投入要素的单位价格就决定了成本函数。

对于生产成本函数的分析,我们可以分为短期和长期,对成本的分析,我们也有短期和长期之分。以下两节将对成本进行短期成本分析和长期成本分析。

5.2 短期成本分析

5.2.1 短期的含义

短期(short run)是指在这期间厂商不能调整其生产规模,即在厂商投入的全部生产要素中,只有一部分生产要素是可以变动的,而另一部分则固定不变。例如,在短期内厂商可以调整原料、燃料及生产工人数量这类生产要素,而不能调整厂房、设备等生产要素。因此,短期内生产要素分为两部分:随产量变动而变动的称为可变生产要素;不能随产量变动而变动的称为固定生产要素。

5.2.2 短期成本的类型

短期总成本简称 STC(Short-run Total Cost),指厂商投入全部生产要素支付的费用总额,它等于固定成本与可变成本之和,即 $STC=FC+VC$。在几何图形上,短期总成本 STC 线表现为一条从固定成本起由左下方向右上方上升的曲线,如图 5-1 所示。

固定成本简称 FC(Fixed Cost),是与固定生产要素相对应的概念,指不随产量变动而变动的成本。如：厂房、机器、设备等。即使暂时停产，产量为零，固定成本仍然存在。因为固定成本在短期内是不变的，在几何图形上，固定成本 *FC* 线表现为一条与横轴平行的直线，如图 5 - 1所示。

可变成本简称 *VC*(Variable Cost)，是与可变生产要素相对应的概念，指随产量变动而变动的成本。如：原材料、燃料和工人的数量等。如果暂时停产，产量为零，可变成本也为零。可变成本是产量的递增函数，在几何图形上，可变成本 *VC* 线表现为一条自左下方向右上方上升的曲线，如图 5 - 1 所示。

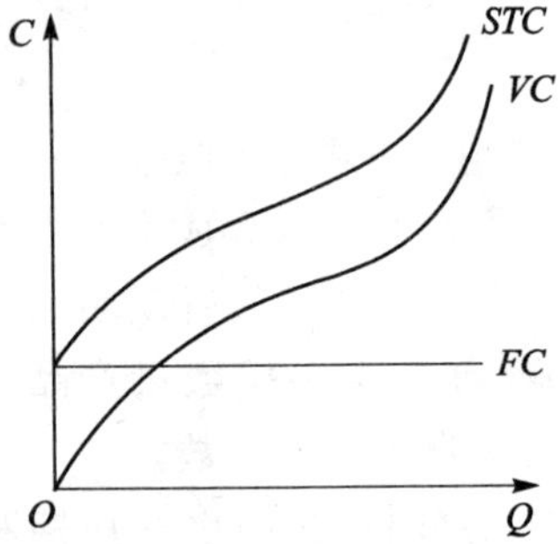

图 5 - 1　短期总成本、固定成本和可变成本曲线图

平均固定成本简称 *AFC*(Average Fixed Cost)，指每单位产品所摊付的固定成本。公式为：

$$AFC = \frac{FC}{Q}$$

式中，*Q* 代表产量。

平均可变成本简称 *AVC*(Average Variable Cost)，指每单位产品所摊付的可变成本。公式为：

$$AVC = \frac{VC}{Q}$$

短期平均成本简称 *SAC*(short-run average cost)，指每单位产品所摊付的总成本。公式为：

$$SAC = \frac{STC}{Q} = \frac{FC + VC}{Q} = AFC + AVC$$

从上式我们可以得出，短期平均成本等于平均固定成本和平均可变成本之和。

短期边际成本简称 *SMC*(short-run marginal cost)，指每增加一个单位的产量所引起的总成本的增加值。公式为：

$$SMC = \frac{\Delta STC}{\Delta Q}$$

由于在短期中，固定成本并不随产量变动而变动，所以，总成本的变动只是由可变成本的变动引起的，上式就可以写为：

$$SMC = \frac{\Delta STC}{\Delta Q} = \frac{\Delta VC}{\Delta Q} \quad 或 \quad \frac{d(TC)}{dQ}$$

5.2.3　各类短期成本的变动规律及其相互关系

为了说明各类短期成本的变化及相互关系，我们假设某厂的短期成本如表 5 - 1 所列。

表 5-1　某厂短期成本表

产量	固定成本 FC	可变成本 VC	总成本 STC	平均固定成本 AFC	平均可变成本 AVC	平均成本 SAC	边际成本 SMC
0	120	0	120	…	…	…	
1	120	34	154	120	34	154	34
2	120	63	183	60	31.5	91.5	29
3	120	90	210	40	30	70	27
4	120	116	236	30	29	59	26
5	120	145	265	24	29	53	29
6	120	180	300	20	30	50	35
7	120	230	350	17.14	32.86	50	50
8	120	304	424	15	38	53	74
9	120	420	540	13.33	46.67	60	116

1. 短期总成本、可变成本和固定成本

从表 5-1 中的数据我们可以得出：固定成本不随产量的增加而变动，*FC* 曲线的形状与图 5-1 中描述的是一致的；可变成本随产量的增加而增加，*VC* 曲线的形状与图 5-1 中描述的是一致的，从原点开始向右上方递增；总成本也随产量的增加而增加，并且由于固定成本不为零，因此，总成本在产量为零时，也不为零，它的变化规律与可变成本相同；这也与图 5-1 中 *STC* 曲线的形状相一致，即 *STC* 曲线在可变成本平行上移一段等于固定成本的垂直距离后向右上方递增。

2. 短期平均成本、平均固定成本和平均可变成本

依据表 5-1 中的数据，我们可以作出 *AFC* 曲线、*AVC* 曲线及 *SAC* 曲线。如图 5-2 所示，我们可以看出：由于平均固定成本是产量的递减函数，所以 *AFC* 曲线是一条随产量不断增加，向右下方不断倾斜的曲线；平均可变成本是产量的函数，它随产量的增加呈现先递减并在达到其曲线极小值后（图 5-2 中的 Q_1 产量处的平均可变成本）开始递增，即 *AVC* 是一条 *U* 形曲线。*SVC* 曲线在产量 Q_2 之前处于递减阶段，在 Q_2 之后转为递增阶段。

所以，产量为 Q_1 对应的平均可变成本是 *AVC* 曲线从递减转为递增的转折点，也是平均可变成本的最低点。*AVC* 曲线呈 U 形变化，是因为在产量为 Q_1 之前，每增加一个单位的可变生产要素所增加的产量超过原来每单位可变生产要素的平均产量，从而表现为平均可变成本随产量增加而递减。当产量在 Q_1 之后，情况正好相反，因而 *AVC* 曲线也就从递减转为递增。平

均成本是平均固定成本和平均可变成本之和，平均成本曲线 SAC 也呈现 U 形变化，但由于平均固定成本随产量增加而持续递减，因而 SAC 曲线的变化逐渐接近平均可变成本 AVC 曲线。SAC 曲线与 AVC 曲线之间的垂直距离等于平均固定成本。SAC 曲线在产量为 Q_2 之前递减，在 Q_2 之后递增。产量为 Q_2 点的平均成本最低。平均成本最低点所对应的产量之所以大于平均可变成本最低点所对应的产量，是因为当 AVC 达到最小并转为递增时，AFC 仍在递减，只要 AFC 的递减超过 AVC 的递增，SAC 就仍然处于递减阶段。只有当 AVC 的递增超过了 AFC 的递减以后，SAC 才转入递增。

3. 短期边际成本、短期平均成本和短期平均可变成本

从图 5-3 中，我们可以看到 SMC 曲线与 SAC 曲线的关系：当 SMC 曲线位于 SAC 曲线下方时，即 SMC＜SAC，SAC 曲线处于递减阶段；当 SMC 曲线位于 SAC 曲线上方时，即 SMC＞SAC，SAC 曲线处于递增阶段；SMC 曲线与 SAC 曲线相交之点，即 SMC＝SAC，是平均成本的最低点。SMC 曲线与 AVC 曲线的关系：当 SMC 曲线位于 AVC 曲线下方时，即 SMC＜AVC，AVC 曲线处于递减阶段；当 SMC 曲线位于 AVC 曲线上方时，即 SMC＞AVC，AVC 曲线处于递增阶段；当 SMC 曲线与 AVC 曲线相交时，即 SMC＝AVC，是平均可变成本的最低点。

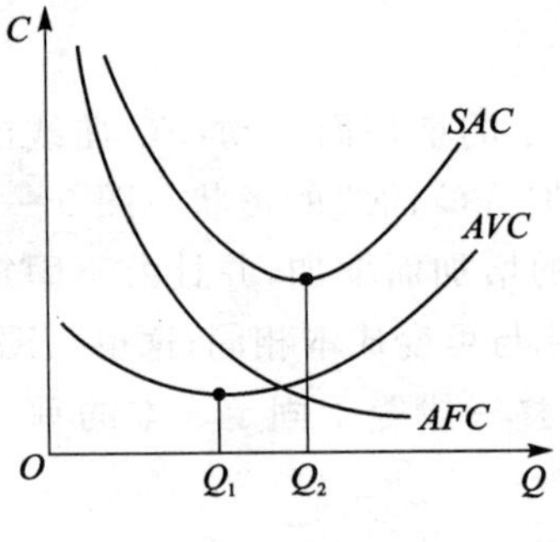

图 5-2 平均可变成本、平均成本和平均固定成本曲线

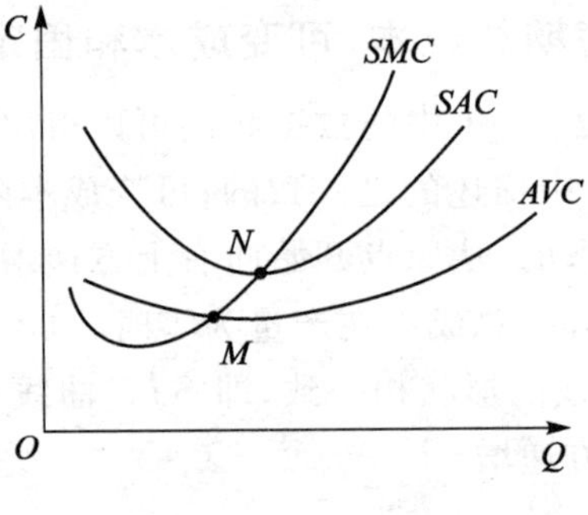

图 5-3 短期边际成本、短期平均成本和短期平均可变成本曲线

我们把 SMC 曲线与 SAC 曲线相交之点，即 SAC 的最低点 N 称为收支相抵点。这时价格为平均成本，平均成本等于边际成本，厂商的生产成本（包括正常利润）与收益相等。把 SMC 曲线与 AVC 曲线的相交之点，即 AVC 的最低点 M，称为停止营业点。在此点上的价格只能弥补平均可变成本，厂商的收益与可变成本相等，损失的是不生产也要支付的固定成本。如果比这点还低，不能弥补可变成本，就无论如何也不能生产了。

5.3 长期成本分析

长期成本函数是用来反映厂商的长期成本对产量或规模的依存关系的函数。正如短期成本的变动受边际收益递减规律支配一样,长期成本函数也是受规模收益变动规律支配的。长期厂商没有固定要素,所以长期成本就只有长期总成本、长期边际成本和长期平均成本。

5.3.1 长期总成本

长期总成本(*LTC*)是指长期生产一定产量所需的成本总额。当产量为零时,长期总成本为零。根据规模收益变动的规律,随着产量增加,长期总成本增加的速率将逐渐减慢,成本增加比例小于产量增加比例,长期总成本曲线将趋于平缓,这是规模经济的原因。由于规模收益递减,随着产量增加,长期总成本增加的速率加快,成本增加比例又大于产量增长比例,长期总成本曲线又变得较陡峭。图 5-4 所示为长期总成本曲线。事实上,长期总成本曲线还可以从企业的固定比例生产的产量扩张线直接推导出来,因为产量扩张线上的每一点都代表厂商在全部生产要素的数量都可以变化的条件下,生产某一特定产量时成本最低的要素组合。

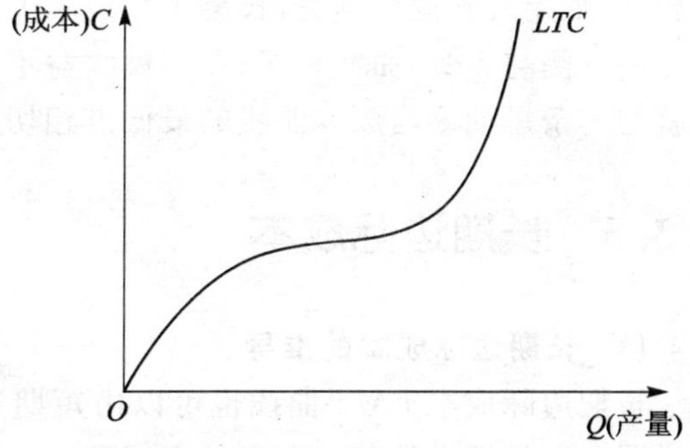

图 5-4　长期总成本曲线

5.3.2 长期平均成本

长期平均成本(*LAC*)是长期中厂商生产单位产品所支付的成本。长期平均成本的变动直接反映了规模收益的变化。在要素价格既定的条件下,规模收益的变动趋势就可以表示为长期平均成本的变动趋势。在小规模生产基础上进行规模扩张,存在规模经济,此时长期平均成本随规模扩张而不断下降;当生产达到一定规模后继续扩张,则出现规模报酬递减,这时长期平均成本随规模扩张而不断上升。因此,长期平均成本曲线 *LAC* 是一条如图 5-5 所示的先向下然后往上倾斜的 U 形曲线。

长期平均成本的 U 形走势与短期平均成本一样,但长期平均成本曲线的上升或下降都比较平坦。这说明长期平均成本的增减都比较缓慢,这是由于在长期中全部生产要素都可以随时调整,从规模收益递增到规模收益递减有一个较长的规模收益不变阶段。而在短期中,平均

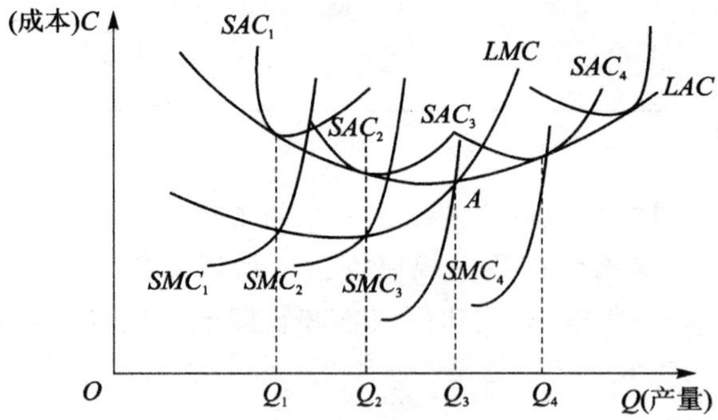

图 5－5 长期平均成本曲线

产量不变的阶段很短。不仅如此，在经济学上，长期平均成本曲线还被看做是短期平均成本曲线的包络曲线。这即是说，长期平均成本曲线与一系列短期平均成本曲线相切，而且把各条短期平均成本曲线包容在其中，如图 5－5 所示。

从图中可见，*LAC* 曲线与 SAC_1、SAC_2、SAC_3和 SAC_4四条短期平均成本曲线相切。在规模经济的条件下，长期平均成本下降，此时长期平均成本曲线在各短期平均成本曲线最低点的左侧与 *SAC* 曲线相切；如果存在规模损失，长期平均成本上升，长期平均成本曲线在各短期平均成本曲线最低点的右侧与 *SAC* 曲线相切；在规模收益不变的情况下，长期平均成本最低，长期平均成本曲线就与一条短期平均成本曲线的最低点相切。

5.3.3 长期边际成本

(1) 长期边际成本的推导

长期边际成本 *LMC* 曲线也可以由短期边际成本 *SMC* 曲线得到。下面将对这种方法予以说明。在长期内的每一个产量上，*LTC* 曲线都与一条代表最优生产规模的 *STC* 曲线相切，这说明这两条曲线的斜率是相等的。由于 *LTC* 曲线的斜率是相应的 *LMC* 值(因为 $LMC=\mathrm{d}LTC/\mathrm{d}Q$)，*STC* 曲线的斜率是相应的 *SMC* 值(因为 $SMC=\mathrm{d}STC/\mathrm{d}Q$)，由此可以推知，在长期内的每一个产量上，*LMC* 值与代表最优生产规模的 *SMC* 值相等。根据这种关系，便可以由 *SMC* 曲线推导 *LMC* 曲线。图 5－6 中的每一个产量上代表最优生产规模的 *SAC* 曲线都有一条相应的 *SMC* 曲线，每一条 *SMC* 曲线都过相应的 *SAC* 曲线最低点。在 Q_1的产量上，生产该产量的最优生产规模由 SAC_1曲线和 SMC_1曲线所代表，相应的短期边际成本由 *P* 点给出的 PQ_1既是短期边际成本，又是长期边际成本。即有 $LMC=SMC_1=PQ_1$。同理，在不同的产量上，在生产规模可以无限细分的条件下，可以得到无数个类似于 *P*，*R* 和 *S* 点，将这点连接起来便得到一条光滑的长期边际成本 *LMC* 曲线。

(2) 长期边际成本曲线的形状

如图 5－6 所示，长期边际成本曲线呈 U 形，它与长期平均成本曲线相交于平均成本曲线的最低点，其原因在于：根据边际量与平均量之间的关系，当 *LAC* 曲线处于下降段时，*LMC* 曲线一定处于 *LAC* 曲线的下方，也就是说，此时 $LMC<LAC$，*LMC* 将 *LAC* 拉下；相反，当 *LAC* 曲线处于上升段时，*LMC* 曲线一定位于 *LAC* 曲线的上方，也就是说，此时 $LMC>LAC$，

LMC 将 LAC 拉上。因为 LAC 曲线在规模内在经济和规模内在不经济的作用下呈先降后升的 U 形，这就使得 LMC 曲线也必然呈先降后升的 U 形，并且，两条曲线相交于 LAC 曲线的最低点。

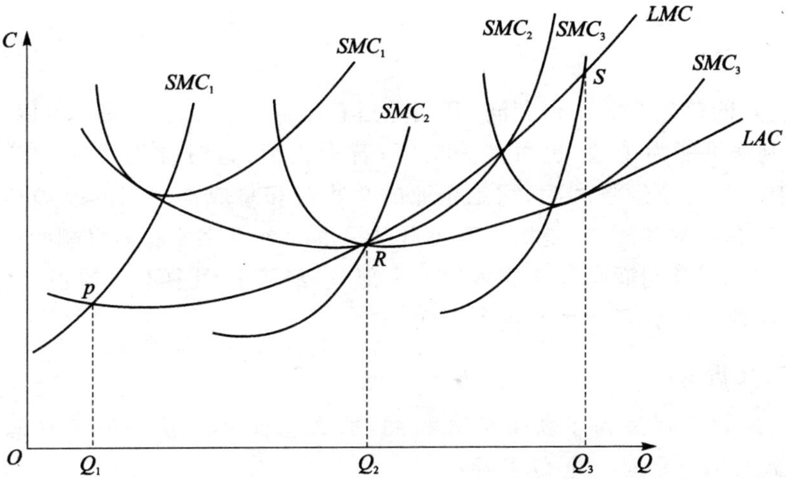

图 5－6　长期边际成本曲线

5.3.4　收益与利润最大化

经济效率是成本与收益之间的关系。因此在分析了成本之后，就要分析收益，并在此基础上确定利润最大化的原则。

收益 R(Revenue)是厂商出售产品和劳务的全部所得，即价格与销售量的乘积。收益中既包括了成本，也包括了利润。收益分总收益、平均收益和边际收益。

总收益 TR(Total Revenue)是厂商销售一定量产品所得到的全部收入。

$$TR=P\times Q=\mathrm{AR}\times Q$$

式中，AR 为平均收益；P 为商品的价格；Q 为商品的销售量。

平均收益 AR(Average Revenue)是厂商销售每一个单位产品平均所得到的收入。

$$AR=\frac{TR}{Q}$$

边际收益 MR(Marginal Revenue)是指厂商每增加销售一单位产品所增加的收入。

$$MR=\frac{\Delta TR}{\Delta Q}$$

式中，ΔQ 为增加的销售量；ΔTR 为增加的总收益。

注意：收益并不等于利润，它不是出售产品所赚的钱，而是出售产品所得到的钱。在不同的市场结构中，收益变动的规律并不完全相同，MR 曲线与 AR 曲线的形状也不一样。

5.3.5 利润最大化原则

1. 利润

厂商生产的目的就是为了获得利润，利润是指总收益与总成本之差。若以 π 表示利润，则 $\pi = TR - TC$。利润可能为正值，也可能为负值；若为负值，这时称为亏损。应该特别注意的是：微观经济中的利润指经济利润，它是企业的总收益和总成本之间的差额；除经济利润外，西方经济当中，还有正常利润，它是指厂商对自己提供的企业家才能的报酬的支付。根据对隐含成本的分析可知，正常利润是隐含成本的一个部分，经济利润中不包括正常利润，所以当经济利润为零时，厂商仍得到了全部的正常利润。

2. 利润最大化原则

厂商出售产品的原则是为了获得最大利润，那么怎样才能获得最大利润呢？由于 $\pi = \mathrm{TR} - \mathrm{TC}$，将等式两边分别对产量 Q 求导得：

$$d\pi/dQ = d(TR)/d(Q) - d(TC)/d(Q)$$

令 $d\pi/dQ = 0$，得 π 的极大值为：

$$d(TR)/d(Q) = d(TC)/d(Q)$$

故有 $MR = MC$ 时，π 达到最大值。

$MR = MC$ 这个条件称为利润最大化原则或厂商的理性决策原则。利润最大化原则要求厂商将产量调整到这样一个水平，使其最后增加的产出单位能带来的收益增量，必须等于该产出单位所带来的总成本增量，才能实现在既定收益和成本条件下的最大化利润或最小化亏损。若 $MR < MC$，厂商将收缩产量，反之，若 $MR > MC$，厂商将扩大产量，最后在 $MR = MC$ 时的产量水平达到均衡，这个原则对于处在任何市场结构中的以利润最大化为目标的厂商产量决策行为都是适用的。

思考与自测

1. 会计利润、正常利润和经济利润有什么不同？
2. 短期总成本、短期固定成本与短期可变成本有什么关系？
3. 短期平均可变成本、短期总成本与短期边际成本有什么关系？
4. 长期平均成本与短期平均成本有什么关系？
5. 简述利润最大化原则。

第 6 章 市场理论

6.1 市场的类型及特点

经济学家把市场结构分为以下 4 种类型：完全竞争、垄断市场、垄断竞争市场和寡头市场。以下分别对这 4 种类型进行分析。

6.1.1 完全竞争

完全竞争(perfectcom petition)也叫做纯粹竞争(purecom petition)，意思是说不存在丝毫的垄断因素。完全竞争市场上各个经济主体都不具有影响市场的势力，而只能作为市场机制安排的接受者。严格而言，完全竞争只是理论上的一个极端特例，而几乎不存在于现实生活中。为了使一个产品市场具有完全竞争性质，我们必须给它做一些假定：

① 同质产品。在完全竞争的市场上，任何一个厂商提供的产品在所有的购买者看来都应该是完全相同的，不同厂商的产品具有完全替代性，所以影响购买者选择的是价格因素。如果所有厂商要价相同时，消费者购买哪个厂商的产品则完全是随机的。

② 交易双方都是市场价格的接受者。同一产品市场上存在大量的小规模卖者和买者，价格是由众多的卖者和买者的行为共同决定的。每个厂商和购买者都是独立行动的，而每个个人的单独行为都不足以影响产品的价格。每个卖者可以在既定价格出售他愿意出售的任何数量产品，每个买者也可以在既定的价格收购他愿意购进的任何数量产品。他们都是价格的接受者(pricetaker)，而不是价格的决定者(pricesetter)。

③ 不存在交易费用。由于不存在交易费用，经济主体不会限制交易数量和范围。企业可以自由地进入或退出该行业。新厂商进入该行业不存在任何法律的、社会的或资金的障碍。而已经在位的厂商并不比新进入的厂商拥有成本优势或其他的优势。所有的生产要素均可以自由的、充分的在各行业之间流动，即资源具有完全的流动性。

④ 交易双方对交易具有完全信息。消费者、资源所有者和厂商对现在的以及将来的价格、成本及其机会拥有完全的信息。消费者不会支付高于市场价格的价格，资源所有者总是将资源出售给开价最高者，而厂商能够准确地确定为了争取最大利润而需要生产的产量。

6.1.2 垄断市场

垄断(monopoly)是市场上某一单个力量独占或占绝对控制地位的现象。它是竞争的对立形式，其基本特征是这个占绝对控制地位的单位控制着产品供给或需求，从而决定了价格，交易对方对价格决定几乎没有影响力。西方经济学所讨论的垄断一般是指厂商的垄断，垄断经济被视为一种扼杀消费者主权的经济。在垄断市场中，竞争和选择受到限制，控制和独占成为普遍现象。

1. 垄断的特点

竞争是市场经济的基本特征。市场经济是通过公平竞争实现资源有效配置的经济，因而市场机制被亚当·斯密喻为“一只看不见的手”。作为竞争的对立面，垄断一向被视作市场经济的天敌，除之而后快。和完全竞争一样，完全垄断也是需要一些严格的假定。一个垄断的市场结构必须具备以下几个特点：

① 市场上只有一个供应商。该厂商不仅独占整个市场，而且能够排斥竞争者进入该行业。新厂商进入市场是非常困难或者是不可能的。在这里，厂商的供给构成了行业的总供给，厂商不再是市场价格的接受者，他对其产品价格拥有很大的控制和决定权。厂商面对的需求曲线就是该行业的需求曲线。在垄断市场上，厂商和行业两个概念完全重合。

② 垄断市场上的产品没有十分接近的替代品，即该产品需求的交叉弹性为零。垄断者在考虑决定其产品价格的时候无须考虑其他卖主的价格政策，也无须考虑其他产品的卖价。

③ 市场主体拥有完全信息或知识。市场需求者和垄断厂商拥有关于现在和未来的产品成本、价格、品质、可获得性等的完全信息。产品购买者可以做出购买与否，购买多少，何时购买等的现时决策，厂商可以根据利润最大化原则，决定价格和产量。

2. 垄断形成的原因

现实生活中不可能存在严格意义上的完全垄断，但是垄断现象还是随处可见。垄断的成因是多种多样的，有自然的原因，也有社会的原因；有市场的原因，也有行政的原因。垄断形成的原因主要有以下几点：

① 市场容量。我们在生活中经常可以观察到，在一个很小的社区里，一般只存在一间杂货店；而在一条繁华的大街上就可以有上千家商店。可见，市场容量越大，垄断的难度越大；反之，市场容量越小就越容易形成垄断。

② 规模经济。我们知道，长期的竞争使得每个厂商的生产规模是当时技术条件下的最佳

规模，其提供的产量处于这一最佳生产规模的平均成本最低点。当市场容量一定，若存在持续的规模收益递增的情况，必然会出现由一个厂商负责全部市场的供给，从而出现自然垄断。如电话、电力、自来水以及天然气等公用事业就被视为自然垄断的产业。

③ 进入壁垒。进入壁垒是阻碍新企业进入一个行业的各种因素。如果一个行业不存在进入壁垒，就不可能形成垄断或者说长期内不可能存在垄断利润。产业进入壁垒主要有：法律政策障碍，包括专利、准入限制、关税和配额；资源有限性障碍，如资金、技术、自然资源等，这些资源一旦被某一厂商拥有，则其他厂商就不能获得；沉没成本障碍，如过高的进入成本、大量专用性很强的固定资产等，这些成本发生只能靠将来的垄断利润弥补，但是高额成本和风险并不是任何厂商所能负担的；在位厂商策略障碍，包括广告和产品差异、关键投入品的控制、竞争威胁等。

④ 机会不均。由于厂商的规模不同，地理位置不同，甚至所有制状况不同，可能会导致存在着资源占有、资金支持、原料供应、技术力量、人才占有、企业税负等多方面的不平等现象。在企业机会不平等状况下，占优势的企业往往在某些方面或某些领域形成垄断。

6.1.3　垄断竞争市场

完全竞争和完全垄断是处于两个极端的市场结构模型，而现实生活中的市场结构总是既包含竞争的因素，又包含垄断的因素。顾名思义，垄断竞争市场就是垄断和竞争并存的市场结构。垄断竞争市场有以下几个特征：

① 厂商行为相互独立。由于行业内存在大量的买者和卖者，每一位厂商的市场份额都是微不足道的，厂商之间不用考虑自己的行为会带来别的厂商的相应对策（这是与寡头市场结构的根本不同之处）。

② 不同厂商的产品存在差异。这个特点是垄断竞争市场与完全竞争市场的唯一重要差别。产品差异(product differentiation)指从消费者的角度来看，对行业内不同厂商的产品具有不同偏好。引起偏好差异的原因，既包括同类产品在商品本身存在的差别，如质量、包装、品牌等，也包括产品在销售条件的差别，如地理位置、服务质量、交付方式等。产品差异使每一个厂商对于自己的产品享有一定的排斥其竞争者的垄断权力。

③ 不同厂商的产品是良好的替代品。也就是说，行业内各厂商的产品虽然存在差异，不可能是完全的替代品，但是存在很高的替代性，从而限制了厂商行使垄断权力。

6.1.4　寡头市场

寡头市场是介于垄断竞争和完全垄断之间的一种市场模型。它是指只有少数几家大型企业控制某种商品的一种市场结构。寡头市场的一个最基本的特征是产业高度集中，少数几家企业瓜分绝大部分的市场份额。寡头市场对市场价格和产量的决定具有相当大的不确定性。西方经济学家也承认到目前为止,还没有一种大家公认的一般的寡头理论。这是因为在寡头垄断的条件下存在许多不稳定的因素,如产品差异程度、寡头合作可能性、寡头博弈均衡路径等,从而造成了建立单一理论的困难。经济学家提出很多寡头市场的竞争模型,其均衡都是严重的依赖于寡头间的特定行为假设。一般而言,寡头市场有以下几个特点:

① 寡头市场都是规模经济比较显著的行业。少数几家大规模厂商占据整个行业或行业的大部分产出,他们生产的可能是同质产品,也有可能是差异产品。如果产品是同质的,我们称为纯粹寡头;如果产品是差异的,我们便称之为差异寡头。

② 寡头市场上的厂商存在相互依存关系。单个寡头厂商行为决策不仅要受其他与之处于竞争地位的厂商行为决策的影响,而且还要考虑该行为决策会引致其他厂商的反应。寡头间的市场行为是一个博弈过程。

③ 寡头之间存在一定的默契。寡头之间有可能为了共同利益而勾结在一起,联合制定关于价格和产量的决策,我们称之为勾结寡头;寡头之间也可能不存在勾结而是独立行为,我们称之为独立寡头。但是由于寡头行为的相互依存性,他们会存在一定程度的合作默许。价格粘性就反映了寡头对市场价格的一定程度的操纵。

6.2 完全竞争市场上的厂商均衡

如前所述,完全竞争是一种竞争不受任何干扰与限制,没有一点垄断的市场结构。在这种市场上厂商很多,每家企业规模都很小,无法通过调整产量影响市场价格。这是我们分析这个市场上的单个厂商均衡时的出发点。

6.2.1 完全竞争市场上的价格、需求曲线、平均收益与边际收益

1. 需求曲线与价格

在任何一个商品市场中,市场需求是针对市场上所有厂商组成的行业而言的。消费者对整个行业所生产的商品的需求称为行业所面临的需求。相应的,需求曲线称为行业所面临的需求曲线,也就是市场的需求曲线,它一般是一条从左上方向右下方倾斜的曲线。如图 6－1 中所示的 D 曲线就是一条完全竞争市场的需求曲线。

消费者对行业中的单个厂商所生产的商品的需求量,称为厂商所面临的需求量,相应的需求曲线称为厂商所面临的需求曲线,简称为厂商的需求曲线。在完全竞争条件下,厂商所面临的需求曲线是一条由既定的市场均衡价格出发的水平线。如图 6－2 中所示的 d 曲线就是一

条完全竞争厂商的需求曲线，是一条与横轴平行的水平线。

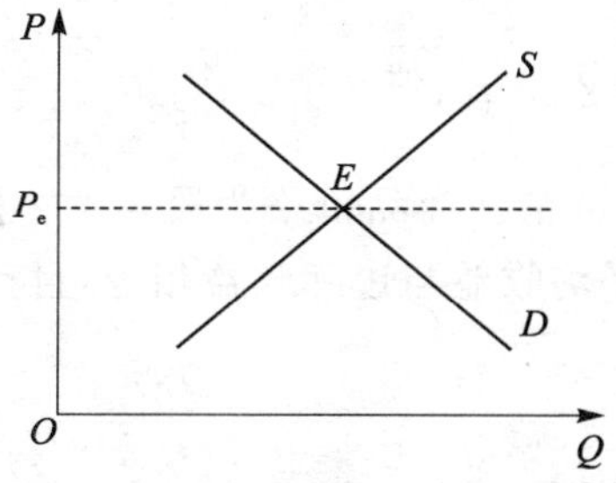

图 6－1　完全竞争市场的需求曲线

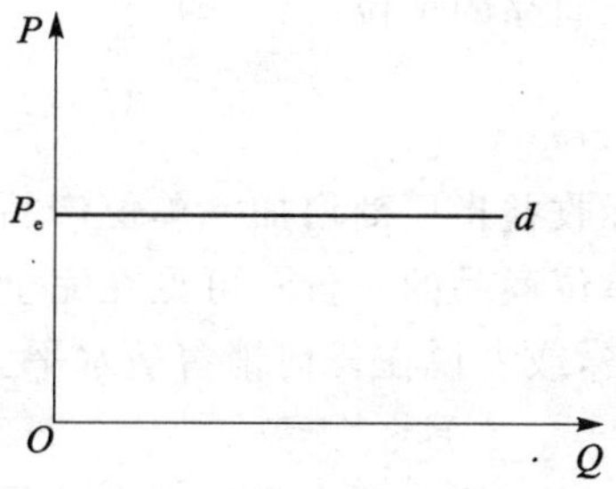

图 6－2　完全竞争厂商的需求曲线

在完全竞争市场上，单个厂商是市场价格的接受者，而不是价格的设定者。假设某家厂商把价格定得略高于市场价格，由于产品具有同质性，且消费者有完备信息并可以自由流动，那么将没有人购买该厂商的产品。也就是说，厂商一旦涨价，它所面临的需求会下降为零。如果厂商的价格等于市场价格，则由于厂商数目众多的条件，一个厂商的供应是无足轻重的，无论厂商供应多少，价格都维持不变，或者说在既定的市场价格下，厂商可能销售掉任意数量的商品。厂商会不会把价格降到市场价格以下呢？降价原本是为了刺激需求，既然每个厂商在市场价格下可以供应任意数量，那又何必降价呢？因此，在完全竞争市场上，厂商既不能提高价格，又不愿降低价格，只能是市场价格的接受者。从需求的角度看，完全竞争厂商所面临的需求是水平的，水平需求的弹性是无穷大的，价格趋近于零的上升，需求降为零，价格趋近于零的下降，购买者会蜂拥而至，厂商面对的需求会变成无穷大。图 6－2 中的厂商的需求曲线 d 是相对于图 6－1 中的市场需求曲线和市场供给曲线共同作用所决定的均衡价格 P_e 而言的。如果市场的供给曲线或需求曲线的位置发生移动，就会形成新的市场均衡价格，相应地，在图 6－2中便会形成另一条从均衡价格水平出发的呈水平线形状的厂商的需求曲线。

2. 收益曲线

厂商收益就是厂商的销售收入。厂商的收益可以分为总收益、平均收益和边际收益。总收益 TR 指厂商按一定价格出售一定量产品时所获得的全部收入，即价格与销售量的乘积。以 P 表示商品的市场价格，以 Q 表示销售量，则有：

$$TR(Q)=P\times Q$$

由于完全竞争市场的一个基本特征是单个厂商无法通过改变销售量来影响市场价格，相反，厂商每销售一单位的商品都接受相同的价格，也就是说厂商只能被动的接受价格。这样随着厂商销售量的增加，它的总收益是不断增加的。但由于商品的单位市场价格是固定不变的，所以总收益曲线是一条从原点出发的斜率不变的直线。

平均收益指厂商出售一定数量商品，每单位商品所得到的收入，也是平均每单位商品的卖

价。它等于总收益与销售量之比。由于完全竞争市场厂商只能按既定价格出售，因此平均收益也等于商品的单位价格，即

$$AR(Q)=\frac{TR(Q)}{Q}=\frac{P\times Q}{Q}=P$$

边际收益指厂商增加一单位产品销售所获得的收入增量。商品价格为既定时，边际收益就是每单位商品的卖价。可见在完全竞争市场，厂商的平均收益与边际收益相等，且都等于既定的价格，或者说在任何销售量水平上都有：

$$AR=MR=P$$

相应可以绘出完全竞争厂商的收益曲线，如图 6－3 所示。

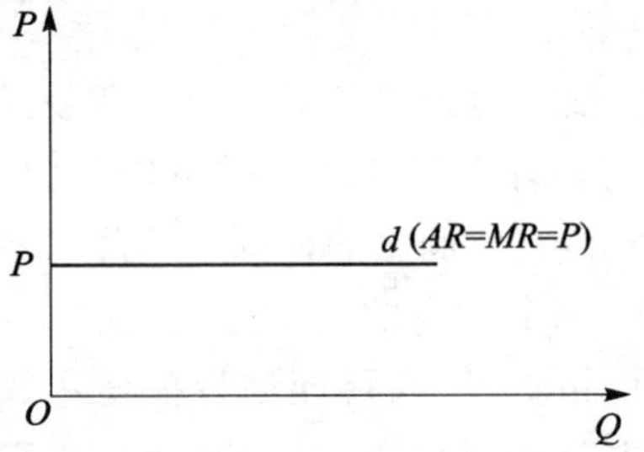

图 6－3　完全竞争厂商平均收益与边际收益曲线

图 6－3 中横轴表示厂商的销售量或所面临的需求量，纵轴表示商品的价格。图中的收益曲线具有如下特征：完全竞争厂商的平均收益 AR 曲线、边际收益 MR 曲线与需求曲线 d 是重合的，是从既定价格出发的平行于横轴的一条水平线。这正是因为对于完全竞争厂商来说，在既定的市场价格下，任何销售量上都有 $AR=MR=P$，而完全竞争厂商所面临的需求曲线就是一条由既定的市场价格水平出发的水平线。同时也由于每一销售量上的边际收益值是相应的总收益曲线的斜率，且边际收益是不变的，等于既定的市场价格，所以决定了总收益曲线是斜率不变的直线。

6.2.2　完全竞争市场上的短期均衡

在短期内，厂商来不及根据市场的需求来调整机器设备、厂房之类的生产要素投入，只能调整可变投入的数量。因此，从整个行业来看，有可能出现供给小于需求或供给大于需求的情况。从整个行业的市场来看，如果供给小于需求，则价格高；如果供给大于需求，则价格低。短期均衡就是分析这两种情况下，个别厂商如何决定产量与赢利状况。

1. 供给小于需求，价格水平高的情况

在图 6－4 中，市场价格为 ON，对个别厂商来说，需求曲线 d 是从 N 引出的一条平行线。这条需求曲线同时也是平均收益曲线 AR 与边际收益曲线 MR。SMC 为短期边际成本曲线，SAC 为短期平均成本曲线。

厂商为了实现利润最大化就要使边际收益等于边际成本，因此，边际收益曲线与边际成本曲线的交点 E 就决定了产量为 OM。这时，厂商的总收益为平均收益乘以产量，即图中的 $OMEN$，总成本为平均成本乘以产量。当产量为 OM 时，平均成本为 OG，所以，存在超额利润，

就是图中的 $OMKG$。从图中看，总收益大于总成本，即 $OMEN>OMKG$，存在超额利润，超额利润就是图中的 $GKEN$。

2. 供给大于需求，价格水平低的情况

在图 6－5 中，价格水平低，这时产量仍由边际收益曲线与边际成本曲线的交点决定，即 OM。厂商的总收益仍为平均收益乘以产量，即图中的 $OMEN$。总成本仍为平均成本乘以产量，即图中的 $OMKG$。从图上看，总收益小于总成本，即 $OMEN<OMKG$，所以存在亏损，亏损就是图中的 $NEKG$。

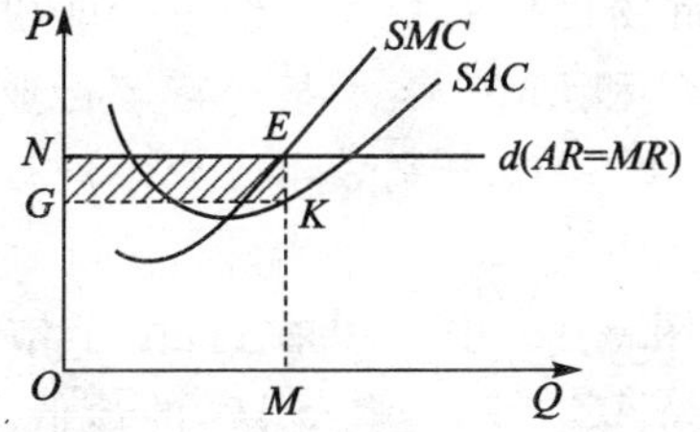

图 6－4　供小于求时完全竞争市场上的短期均衡

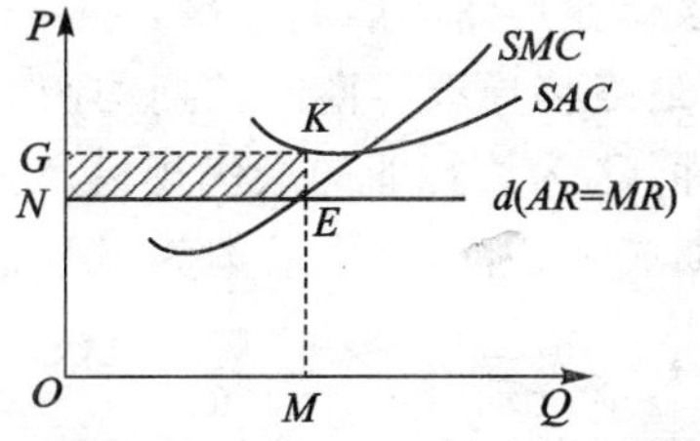

图 6－5　供大于求时完全竞争市场上的短期均衡

在短期中，厂商均衡的条件是边际收益等于边际成本，即 $MR=MC$。这就是说，个别厂商是从自己利润最大化的角度来决定产量的，而在 $MR=MC$ 时，就实现了这一原则。那么，如果整个行业供大于求，市场价格低，个别厂商处于亏损状态，它还会生产吗？在图 6－6 中，市场价格 P_1 低于均衡价格 P_0，厂商有亏损。这时，厂商是否生产则取决于平均可变成本 AVC 的状况。价格 P_1 所决定的需求曲线 d 与 AVC 相切于 E_1，E_1 就是停止营业点。这就是说，当价格为 P_1 时，所得到的收益正好抵偿平均可变成本。由于短期中的固定成本是不变的，无论是否生产都要支出，所以只要收益可以弥补可变资本，厂商就要生产。但如果价格低于 P_1，厂商连可变成本也无法弥补，它就无论如何也不生产了。这就是 E_1 点作为停止营业点的意义。停止营业点是由平均可变成本与价格水平决定的。在这一点上平均可变成本等于价格水平。

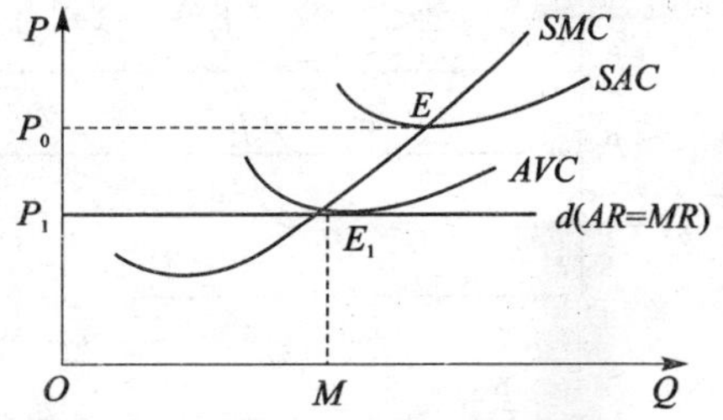

图 6－6　完全竞争市场上短期中企业的停止营业点和供给曲线

6.2.3　完全竞争市场上的长期均衡

在长期内，厂商能够调整生产规模，行业内也可能出现新厂商的进入和原厂商的退出，因而行业供给会发生变化。研究完全竞争厂商的长期均衡就是要研究在行业供给和成本条件变动的情况下，厂商如何进行产量决策，以实现利润最大化。

1. 完全竞争厂商长期均衡的形成过程

在短期调整中，厂商只能在既定的生产规模基础上，在市场需求的短期波动中通过调整可变投入要素进行有限的调整，获得短期的利润或蒙受短期的亏损。但如果在某一市场需求下行业内普遍存在赢利或亏损，就会导致相应的行业供给调整。原厂商将调整生产规模甚至退出行业，新厂商则可能进入行业，从而改变行业供给和市场价格。这种行业供给调整反过来又会改变该行业厂商的赢利水平，进一步导致行业供给和市场价格的变动。经过行业供给的反复调整，最终将导致厂商的长期均衡。在图 6－7 中，LAC 和 LMC 表示某一特定行业的长期成本条件，Q_0为该行业的最优规模产量。以 SAC_1、SAC_0和 SAC_2分别表示三个不同规模的厂商的短期成本条件，其中成本为 SAC_0的厂商处于最优规模。

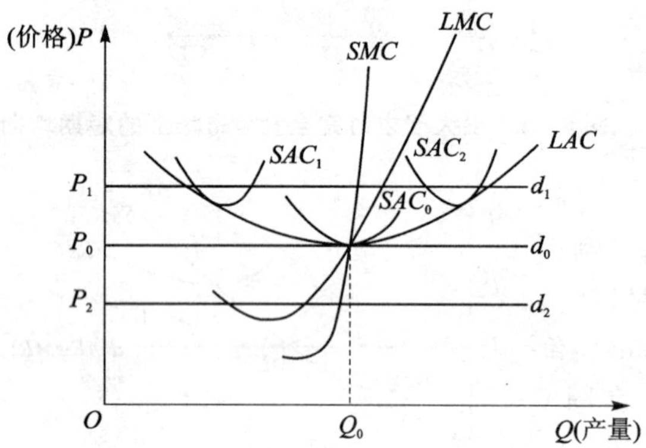

图 6－7 完全竞争市场上的长期均衡

从图 6－7 中可以看到，由于市场价格 P_1高于 SAC_0、SAC_1和 SAC_2的最低点，即使不以最优规模生产的厂商也能在这个行业内获得经济利润。在信息充分和资源充分流动的完全竞争市场中，经济利润刺激现有厂商扩大生产规模和新厂商进入该行业，从而扩大了行业供给。在市场需求不变的条件下，行业供给扩大必将导致市场价格下跌，比如由 P_1降到 P_2。在市场价格 P_2的条件下，由于 P_2低于以最优规模生产的厂商的短期平均成本曲线 SAC_0的最低点，因而包括最优规模厂商在内的所有厂商都面临亏损。亏损迫使现有厂商向最优规模调整，降低成本，甚至部分低效率厂商将退出行业，从而减少行业供给。在市场需求不变的条件下，行业供给减少必将使市场价格上升。

只要存在经济利润，厂商的长期调整就会使价格趋于降低，经济利润逐渐减少；只要存在亏损，厂商的长期调整就将使价格趋于上升，亏损又逐渐减少。厂商在不同盈亏下所进行的长期调整，使行业供给和市场价格反复波动，导致生产规模趋于最优，市场价格在 P_0水平达到均衡。此时，厂商只能获得正常利润，既没有经济利润，也没有亏损。因此，厂商不会继续调整其生产规模，也不会有厂商退出或进入行业，厂商达到了长期均衡。在均衡状态下，厂商面临的需求曲线同时切于长期成本曲线和短期平均成本曲线的最低点。因此厂商长期均衡的条件为：

$$P=SMC=LMC=SAC=LAC$$

2. 完全竞争厂商长期均衡的最优性质

经济学认为，完全竞争厂商的长期均衡具有明显的效率优势。

① 实现了资源的合理配置。在长期均衡中，$P=SMC=LMC$，即价格等于边际成本。这表明以价格反映的边际效用与边际成本反映的耗费资源价值是一致的，即用该产品生产的最后单位资源价值等于消费者在该产品上得到的边际效用，实现了资源在该行业的最优配置。由于价格等于平均收益和边际收益，所以有 $AR=MR=MC$。这意味着厂商实现了利润最大化，从而使厂商的数目及行业的供给处于稳定状态，并与市场的需求相吻合。因此，长期均衡实现了该部门资源的最优配置。

② 保证了生产有效率进行。在长期均衡中，$SAC=LAC=SMC=LMC$，即长期平均成本、长期边际成本、短期平均成本和短期边际成本相等。这表明在长期竞争中只有生产效率最高、成本最低的厂商才能在竞争中生存，行业内各厂商均在最优规模下进行生产，充分利用了社会分配给它们的资源。

③ 实现了消费者最大化满足。在长期均衡中，由于 $P=SAC=LAC$，意味着长期厂商仅能获得正常利润而没有经济利润。消费者得到按最低平均成本支付的价格，这个价格是消费者长期可能支付的最低价格，从而使消费者剩余达到最大值。

诚然，完全竞争市场是不现实的，但是完全竞争厂商的长期均衡的最优性质，提供了一个基本分析模型，为我们分析其他厂商提供了理论基础。

6.3 垄断市场上的厂商均衡

6.3.1 垄断市场的需求曲线、平均收益和边际收益

垄断厂商虽然对市场和产品价格具有很大的控制和支配力量，但是这并不是说他们可以随意决定产量和价格。垄断厂商也必须遵循需求规律的要求和边际收益等于边际成本的原则来决定其产量和价格，以牟取最大利润。

在竞争市场中，由于存在众多厂商，所以个别厂商可以按照市场价格出售任何数量的商品，其面对的需求曲线是水平的，而且刚好是 $MR=AR=P$。但是垄断厂商直接等同于行业，其面对的需求曲线（即厂商的平均收益线）是向下倾斜的。面对向下倾斜需求曲线的厂商的边际收益曲线也是向下倾斜，且位于平均收益曲线之下。假设平均收益曲线为直线 $AR=a-bQ$，则边际收益曲线 $MR=a-2bQ$，其斜率刚好是 AR 斜率的两倍，如图 6－8 所示。

在完全垄断的条件下，没有别的产品可以替代垄断厂商的产品，所以消费者对这种产品的需求一般是缺乏弹性的，表现为需求曲线比较陡峭。极端假设一下，若该产品没有任何替代程

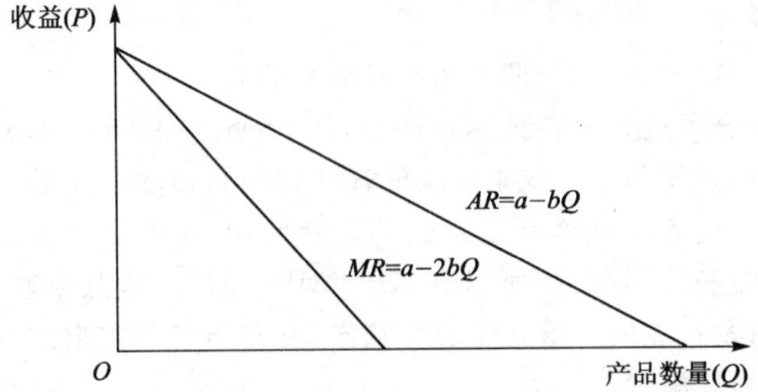

注：$MR = d[TR(Q)]/dQ = d[P(Q) \times Q]/dQ = d[(a-bQ) \times Q]/dQ = a-2bQ$

图 6－8 平均收益直线和边际收益直线的关系

度的产品而又是消费者必需的，那么需求曲线为垂直线，垄断厂商可以任意决定产量和价格。

6.3.2 垄断市场上的短期均衡

完全垄断厂商可以通过调整产量和价格来实现利润最大化。与完全竞争市场类似，完全垄断厂商利润最大化时的产量也是由需求状况和成本状况共同决定的。其利润最大化条件为 $MR=MC$，这也是完全垄断厂商短期均衡的条件。在短期里，完全垄断厂商由于各种原因，如既定规模成本过高，或面对的市场需求较小等，可能导致短期里盈亏平衡甚至亏损，不一定总是获得垄断利润。所以完全垄断厂商的短期均衡有三种情况：获得超额利润、获得正常利润和蒙受损失。

1. 获得超额利润时的短期均衡

图 6－9 反映了完全垄断厂商获得超额利润时的短期均衡状态。

运用边际收益-边际成本分析法，完全垄断厂商按照 $MR=MC$ 的原则确定产量水平 Q_1，与 Q_1 产量水平对应的价格可由需求曲线得到为 P_1，对应的成本由 AC 曲线得到为 C_1，显然 $P_1 > C_1$，厂商存在超额利润。超额利润为矩形 P_1C_1BA 的面积。从图 6－9 中看，在 Q_1 产量水平上，$MR=MC$，所以 Q_1 是完全垄断厂商利润最大化时的均衡产量。

2. 获得正常利润的短期均衡

如图 6－10 所示，此时按照 $MR=MC$ 确定的产量水平在 Q_2，这一产量水平与需求曲线的交点正好是 AC 曲线与需求曲线 D 的切点，因此在这一产量水平上 P 与 C 相等，即平均收益等于平均成本，因而完全垄断厂商的 TR 等于 TC，厂商的经济利润为零，只获得正常利润。

3. 完全垄断厂商亏损时的短期均衡

完全垄断厂商虽然可以通过控制产量和价格获得利润，但并不意味着总能获得利润，完全垄断厂商也可能发生亏损。这种情况可能是由于既定生产规模的生产成本过高，也可能是由于面临的市场需求过小。图 6－11 反映完全垄断厂商亏损时的短期均衡。

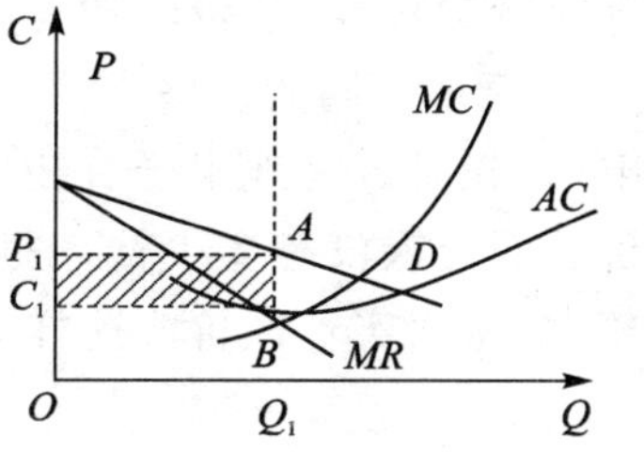

图 6－9　获得超额利润

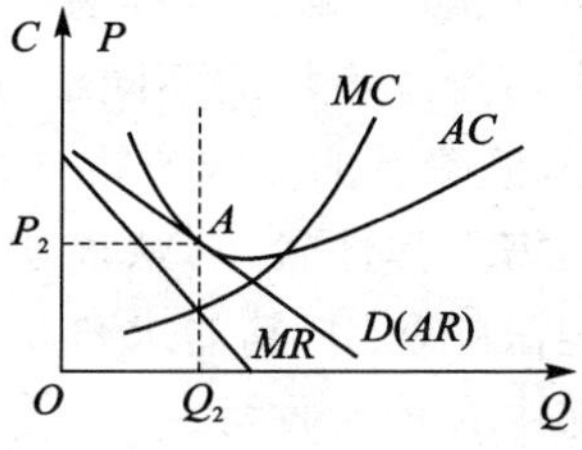

图 6－10　获得正常利润

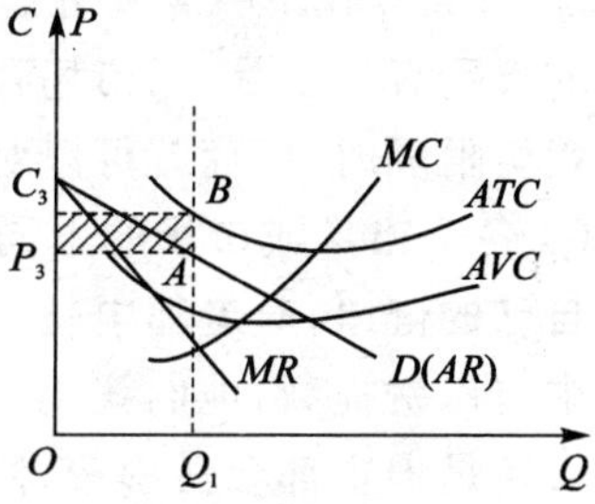

图 6－11　蒙受损失

按照 $MR=MC$ 的原则确定的产量水平在 Q_3 的水平上，从需求曲线得到与这一产量水平相对应的价格为 P_3，从 AC 曲线上得到相应的总成本为 C_3，从图中可看出 $P_3<C_3$，即平均收益小于平均成本，厂商蒙受损失，但这时的损失额是最小的，等于矩形 P_3ABC_3 的面积。此时 $P_3>AVC$，因此完全垄断厂商继续进行生产，所获得的总收益在补偿了全部可变成本的基础上，最大限度地补偿了部分固定成本。如果 $P_3<AVC$，厂商将会停止生产。

从以上三种情况可以看出，完全垄断厂商短期均衡的条件是：$MR=SMC$

6.3.3　垄断市场上的长期均衡

在长期中，垄断厂商可以通过调节产量与价格来实现利润最大化。由于完全垄断排除其他厂商加入该行业的可能性，因而垄断厂商的经济利润可以在长期内保持。垄断厂商长期均衡的条件为：

$$MR=LMC=SMC$$

6.3.4　垄断企业的定价策略

厂商按照市场需求状况与自身成本曲线，确定它生产的数量以及价格，这里的价格是指对所有购买者索取相同的价格。在现实经济生活中，许多市场上都存在着差别价格，即厂商对同一种商品向不同的消费者收取两种甚至两种以上的价格。比如：村子里有 99 个穷人和一个地主，假设他们每年都要得一次病，村里唯一的老郎中该如何收取就诊费？如果老郎中实行统一低价，每人收取一个铜板，那么老郎中一年能够收取 100 个铜板。如果老郎中实行统一高价，每人收取 50 个铜板，那么只有地主才能付得起就诊费，穷人有病也请不起医生，老郎中一年只能收取就诊费 50 个铜板。如果实行差别定价，对穷人收取就诊费每人一个铜板，对地主收取就诊费 50 个铜板，结果老郎中一年能够获得 149 个铜板。可见实行差别价格，能够获取更多的利润。在实行差别价格之前，必须首先考虑是否满足以下三个条件：

① 市场存在不完善之处。在完全竞争市场上实行差别定价是不可能的，因为厂商是市场价格的接受者。但是，当市场存在不完全性，或者当市场的各部分被运输成本、消费者的无知等因素所阻隔时，厂商就可以对各个市场或市场的不同部分的消费者索取不同的价格。

② 各个市场或市场的不同部分，消费者的需求价格弹性不相同。正是因为地主既有钱又重视自己的健康，对老郎中就诊费的需求弹性较小，从而实行高价。而穷人没有多少钱，一旦老郎中将诊费提高，他们就无力承担医疗费用，其需求价格弹性较大，从而实行低价。这样无论穷人还是地主都会付诊费，使老郎中有较大收益。

③ 市场之间或市场的各个部分之间必须完全有效分开。如果厂商无法隔离他的市场，消费者将都到他的低价市场上购买商品，那么实行差别价格就没有意义了。按照价格差别的程度不同，厂商的差别定价一般有三种类型，即一级、二级、三级价格差别。一级价格差别是指厂商向每个顾客索取其愿意支付的最高价格。美国运通公司对所有的客户，包括餐馆、服装店、航空公司、酒店业等都实行 3％的提成比率。这首先遭受到餐馆业的强烈反对，它们抱怨提成比率太高了，甚至威胁说如果不降低提成比率，它们将不再接受其服务。为此，美国运通公司求助于麦肯锡公司。麦肯锡开出的药方就是一级差别定价，把餐馆业的服务提成比率降低到 2％，把服装行业的提成比率降低到 2.5％，与此同时把航空公司和酒店业的服务提成比率提高到 3.5％。美国运通公司采纳了这项建议，并取得了丰厚的利润。有趣的是，美国运通公司就这项建议而支付给麦肯锡公司的酬劳高达 300 万美元，这本身也就是一种差别定价，因为麦肯锡公司知道美国运通公司出得起这么高的价格。二级价格差别又叫数量折扣定价策略，它通过相同货物或服务的不同消费量或“区段”索取不同价格来实现更多利润的目的。在美国电力市场上，如果消费者每月电量消费超过第一段消费区间，超过部分将可以享受折扣，如果消费者的电量消费还超过第二段消费区间，超过部分将可以享受更大的折扣。这种措施将激发消费者的电力需求，电力公司大大降低单位成本，获得更多的利润。三级价格差别是指厂商把消费者分为具有不同需求的两组或更多组，就同一种商品或服务向不同组的消费者索取不同的价格。如电信收费中有代表性的收费方式有 高月租低话费与低月租高话费两种。对于那些电话较多的消费者，高月租低话费要比低月租高话费实惠；对于那些电话寥寥无几的消费者，显然是低月租高话费要比高月租低话费要实惠。这样电信企业就迎合了不同的消费者的需求，大家都会接受电信服务。消费者与厂商都会获得收益。

6.4　垄断竞争市场上的厂商均衡

20 世纪 30 年代以前，整个价格理论几乎一直仅由完全竞争理论和完全垄断理论所组成，因为经济学家们认为这两个理论模型已足够他们分析任何类型的市场之用了。这方面的情况在 20 世纪 30 年代初发生了明显的变化，经济学家们开始重视进行更多的实际研究，把原来的模型发展成为能够解决处于完全竞争和完全垄断之间的情况的模型，由此产生了不完全竞争理论。不完全竞争理论包括垄断竞争理论和寡头理论。垄断竞争理论是由哈佛大学的爱德华·张伯伦和英国经济学家琼·罗宾逊建立起来的，主要分析垄断竞争厂商的价格和产量决定。

6.4.1　垄断竞争市场上的需求与收益

垄断竞争厂商的收益直接取决于需求。由于垄断竞争市场上差别产品和大量厂商的存在，使得厂商面临弹性较大的向右下方倾斜的需求曲线。但与完全竞争厂商和完全垄断竞争厂商的需求曲线不同，垄断竞争厂商面临两条需求曲线：一条是理论上的需求曲线，一条是实际需求曲线。由于提供差别产品的垄断竞争厂商数目众多，以至于每个厂商都期望自身改变价格的行为不为对手所注意，也不受到来自对手的任何报复措施的阻碍。因此，当某个厂商降低价格时，其他厂商并不相应地降低价格，使得该厂商面临一条较为平缓的需求曲线。这条在其他厂商价格保持不变时，一个厂商改变自身产品价格引起的产品销售量的改变所形成的需求曲线，就是垄断竞争厂商的理论需求曲线。这条需求曲线是建立在其他厂商对相关厂商价格变化没有对抗性反应的理论假定基础之上的。如图 6－12 所示，图中的曲线 d 均是理论需求曲线。

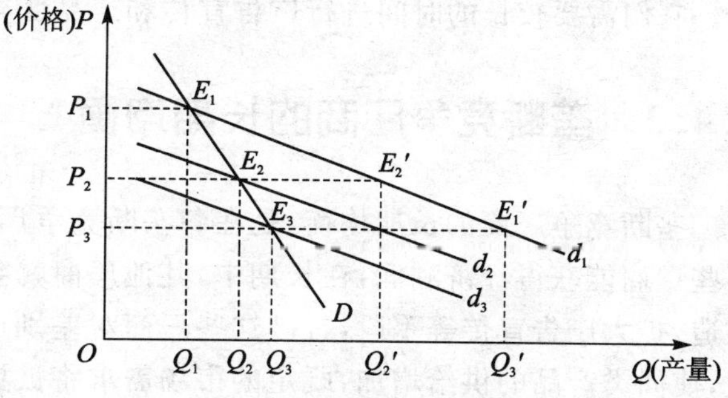

图 6－12　理论需求曲线

除了理论需求曲线，还有一条实际需求曲线。事实上，垄断竞争厂商具备较为充分的信息。为了在价格竞争中处于比较有利的地位，某一厂商降低价格必然引起其他厂商也相应地降价，从而使得率先降价的厂商并不能使销售量增加得很大，并面临一条弹性较小的需求曲线。在其他厂商价格会相应改变的情况下，一个厂商改变自身价格引起的产品销售量改变所形成的需求曲线，就被称为实际需求曲线，如图 6－12 中曲线 D 所示。当销售价格为 P_1时，该

厂商的销售量为 Q_1。如果价格降为 P_2，在竞争者相应降价时，该厂商的销售量只能增加到 Q_2。如果某厂商继续降价至 P_3，实际销售量不会增加到 Q_3'，而是 Q_3 的水平。很明显，由于竞争者产品价格的下降，厂商的理论需求曲线由 d_1 向下移动到 d_2 和 d_3 的位置，从而厂商实际销售量对价格的依存关系就由曲线 D 来描述。因此，可以这样说，厂商的实际需求曲线是由其理论需求曲线运动而形成的。在实际需求曲线上的每一点都有一条理论需求曲线与之相交，比如在 E_1、E_2 和 E_3 各点，分别有 d_1、d_2 和 d_3 与 D 相交。根据需求曲线与收益曲线的关系，与完全垄断厂商相同，对应于垄断竞争厂商的每一条向右倾斜的需求曲线，我们都可以确定一条相应的位于需求曲线下方的边际收益曲线。

6.4.2 垄断竞争市场上的短期均衡

追求最大化利润的垄断竞争厂商，与完全垄断厂商和完全竞争厂商一样，也要按 $MR=MC$ 原则来确定价格和产量。

在短期内，垄断竞争厂商的均衡可能获得经济利润，或只能获得正常利润，甚至是亏损，这主要取决于它所面临的需求曲线。在短期调整中，只要 $MR=MC$ 所决定的产量和价格水平使得总收益大于变动成本，厂商就会继续生产。因此，垄断竞争厂商可能的短期均衡是平均收益大于平均变动成本的一切产量水平。

值得注意的是，当垄断竞争厂商获得经济利润时，由于在既定的成本条件下，它的经济利润产生于产品差别。与之竞争的其他厂商的进入除了受时间限制外，还要受消费者的心理限制。它们需要较长的时间进行广告宣传和产品变异，才能改变消费者偏好。

6.4.3 垄断竞争厂商的长期均衡

垄断竞争厂商的长期均衡，是在各垄断竞争厂商之间的竞争和反复调整中实现的。如果某些厂商能获得经济利润，在长期中，其他厂商就会与之争夺市场，并通过模仿、竞相进行质量改造、扩大广告宣传等手段，打破这些厂商对差别产品的垄断。一方面，新厂商积极进入该行业，使同类产品的供给增加，既定的市场需求将被更多的厂商分割，各厂商所占市场份额相对缩小，从而表现为个别厂商面临的需求曲线向左下方移动；另一方面，各厂商间的剧烈竞争，将增加各厂商改进产品质量的费用和销售成本（尤其是其中的广告费用），这会使得平均成本曲线向右上方移动。需求曲线的下移和平均成本曲线上移，使得经济利润逐渐减少。

如果垄断竞争厂商在短期内存在亏损，一些厂商就会在长期调整中减少或停止生产，商品供给减少，从而增大留下来的厂商的市场需求，厂商面临的需求曲线向右上方移动；而且，随着竞争的减弱，销售成本随之减少，成本曲线向左下方移动。需求曲线上移和成本曲线下移，这意味着部分厂商平均收益上升和平均成本下降，厂商的亏损就会逐渐减少。

上述由赢利和亏损所引起的长期调整，将会一直持续到需求曲线与平均成本曲线相切，而且切点所对应的产量正好等于按 $MR=MC$ 原则所确定的产量为止。这时，垄断竞争厂商得到的仅为正常利润，厂商达到长期均衡。如图 6－13 所示，实际需求曲线 d 与平均成本曲线 AC 在长期竞争中切于 E 点，并在 E 点与理论的需求曲线 D 相交。MC 和 MR 交于 F 点，F 点对应于产量 Q_e 和切点 E。在 E 点上，有 $P_e=AR=AC$，因此，$TR=TC$，厂商在获得正常利润的前提下达到长期均衡。垄断竞争厂商长期均衡的条件是：$MC=MR$，$AC=AR$。

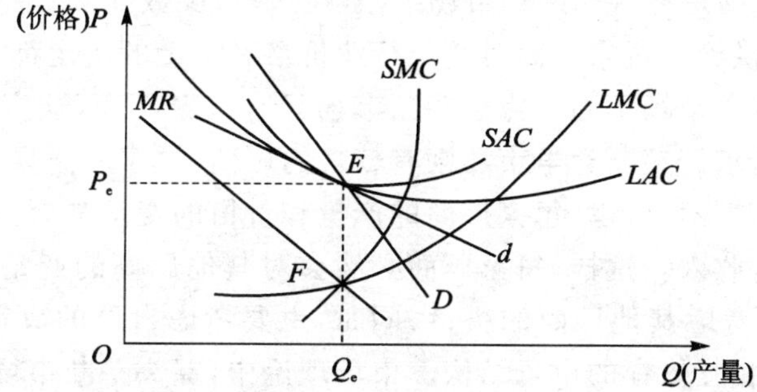

图 6－13　长期均衡

6.4.4　垄断竞争条件下的产品竞争差别

在垄断竞争市场上，长期竞争的结果是超额利润为零，但短期中可以凭借产品特色形成的垄断地位获得超额利润。因此，企业想实现利润最大化就应该把长期变成一个个短期。产品的创新是关键，企业必须以不断变化的产品特色来保持自己的垄断地位。这样，在垄断竞争市场上，企业的成功取决于产品差别的竞争，取决于产品的特色。有些产品差别是实际产品差别，消费者可以轻而易举的认知，如产品质量、外形、包装等。另一些产品差别是消费者不易识别的，甚至产品本身并没有什么实际差别，仅仅是消费者心里认为它有差别。

在产品差别中，品牌是一个重要的手段。名牌首先是作出来的，没有高质量、受消费者欢迎的产品，就没有名牌。但名牌还要靠强大的广告宣传，让消费者认知，形成品牌的忠诚度。据美国的调查，70％以上的消费者有品牌忠诚的习惯，即在购物时，习惯于购买自己熟悉忠诚的品牌产品。名牌就是产品差别最直观的表现，名牌可以给企业创造竞争优势，获得超额利润。所以，在垄断竞争行业中，企业创造名牌是十分重要的。

6.5 寡头市场

6.5.1 寡头垄断市场的含义及条件

寡头垄断(oligopoly)是指这样一种市场结构,在这里,少数几家厂商控制了整个行业的市场,垄断了整个行业的供给。每家厂商对整个行业价格和产量的决定都有着举足轻重的影响。这与完全垄断和垄断竞争市场不同。完全垄断市场只有一家厂商,这家厂商的供给和需求就是一个行业的供给和需求。垄断竞争市场则有较多的厂商,每家厂商只是行业中的一小分子。由于寡头市场只有几家厂商,所以,每家厂商的产量和价格的变动都会显著地影响到本行业竞争对手的销售量和销售收入。这样,每家厂商必然会对其他厂商的产量和价格变动作出直接反应,在作决策时必须考虑其他厂商的决策,同时,也要考虑自己的决策对别的厂商的影响。因此,寡头市场是一个相互依存的市场结构。市场理论中,寡头垄断市场在经济中占有十分重要的地位。例如,在我国电信行业、钢铁行业、汽车制造业,甚至彩电、电脑、空调等家电的生产和经营都属于寡头垄断。美国、日本等发达国家也不例外。寡头垄断的形成首先是某些产品的生产与技术要求决定的。此外,寡头本身采取的种种排他性措施,以及政府对这些寡头的扶持与支持,也促进了寡头垄断市场的形成。

6.5.2 寡头决策

下面以"囚徒的难题"来谈寡头的博弈和决策。警察抓到两个合伙盗窃的嫌疑犯,分别关在两个房子里。警察对两个犯人说,如果有人认罪,而另一个人拒绝交代,则前者只判 6 个月,后者将被判刑 10 年。此外,两个犯人都知道,如果两人都认罪,将都被判刑 8 年。如果两个人都不认罪,将都被判刑 2 年。就两个犯人的总体利益来说,上策是两个人都拒不认罪。因为此时,每个人都将只被判刑 2 年,而在其他情况下,每人平均判刑都在 5 年以上。但是,两个犯人往往选择主动认罪这种行为,因为这样做,可能出现最好的结果,即只被判刑 6 个月;如果不这样做,可能出现最坏的结果,即被判刑 10 年。囚犯总希望出现最好的结果,害怕出现最坏的结果。

寡头之间也存在类似的相互争夺、相互依存的关系。与囚犯都拒绝认罪一样,寡头之间达成协议、采取一致的行动,对大家都有利。比如,寡头厂商决定同时提高价格,所有厂商的利润都会上升,此为寡头厂商的上策。如果做不到这一点,寡头就要考虑对手的行动。显然,如果一个囚犯知道了另一个囚犯的行动,他会立即采取相应的措施。对方招供了,他也会招供。对方不招供,他也不招供。这样,谁也不会去主动招供,因为这样做不会使自己的处境比对方稍好一点。寡头市场上，厂商的行动也是这样相互影响、相互作用的。因此，寡头厂商不会轻易地提高商品的价格，所有的厂商的利润都将保持不变，此为寡头厂商的中策。但是，在“囚犯的难题”中，囚犯是被隔离起来的，无法预知对方的行动，因此都采取保护自己的措施，其结果对双方都大为不利。在寡头垄断市场中，则是所有厂商对其他厂商的意图都一无所知。他们对形势作出的最悲观的估计是，其他厂商都将降价竞销。为了不至于被动挨打，他们将不约而同地采取降价措施，使所有厂商的利润趋于下降，此为寡头厂商的下策。

思考与自测

1. 完全竞争在现实经济中存在吗？为什么经济学家首先需要研究完全竞争模型？
2. 为什么完全竞争中的厂商不愿意为产品做广告？
3. 试述完全竞争厂商长期均衡的实现过程和特点。
4. 对比分析垄断竞争市场结构与完全竞争市场结构。
5. 什么是垄断竞争市场？垄断竞争市场的条件有哪些？
6. 试比较完全竞争模型和完全垄断模型。
7. 垄断厂商长期均衡时，其生产规模一定会使短期平均成本和长期平均成本达到最小，这句话对吗？
8. 寡头垄断市场的含义及条件是什么？

第 7 章

分配理论

7.1 生产要素的需求与供给原理

7.1.1 生产要素的需求与特点

生产要素的需求就是指厂商在一定的时期，在一定的价格水平下，愿意而且能够购买的生产要素量。它是购买欲望和支付能力的统一，两者缺一不可。

生产要素的价格由生产要素的供求决定，这一点与其他商品的价格决定是没有区别的，但所不同的是，在产品市场上，需求来自消费者。消费者为了直接满足自己的某种需要而购买商品，因此，对商品的需求是“直接”的需求。而在生产要素市场上，需求不是来自消费者，而是来自厂商。厂商消费生产要素不是为了自己的直接需要，而是为了生产和出售产品以获得利益。例如，厂商聘请电脑程序员的需求是与消费者对电脑软件的需求密切相关的，他聘请电脑程序员，是为了设计并生产电脑软件。如果消费者不存在对电脑软件的需求，则厂商就无法从生产并销售电脑软件中获得利益，从而他也不会去聘请电脑程序员及购买其他生产资料和生产电脑软件。由此可见，厂商对生产要素的需求是从消费者对产品的直接需求中间直接派生出来的。所以，西方经济学家们认为，生产要素的需求是派生的需求(derived demand)。对生产要素的需求还有一个特点，即对生产要素的需求是共同的、相互依赖的需求。这个特点是由于技术上的原因，即生产要素往往不是单独发生作用的。如电脑程序员与生产的设备(以及原材料等)相互结合起来才能生产出电脑软件。

由于厂商对生产要素的需求取决于人们对产品的需求，而产品的供求与要素的供求又有相互依存和相互制约的关系，即对厂商提供的产品的需求量大小取决于消费者的收入多少，消费者的收入水平取决于提供劳动所得到的报酬，报酬的高低又是由厂商购买劳动所支付的价格决定的，因而厂商购买劳动支付的价格多少又决定人们对产品需求量的大小。所以，对生产要素需求的分析，比对产品需求分析更复杂。另外，生产要素市场的结构是完全竞争的还是不完全竞争的，会直接影响厂商对生产要素的需求状况，从而又会影响生产要素的价格。

7.1.2 完全竞争市场上厂商生产要素的需求

完全竞争厂商的生产要素需求量取决于要素的边际收益与边际成本。为了实现利润最大化，厂商必须使购买最后一单位生产要素所支出的边际成本与其所带来的边际收益相等。在完全竞争市场上，边际收益等于平均收益，等于价格。因此，厂商对生产要素的需求就是要实现边际收益、边际成本与价格相等。即

$$MR=MC=P$$

在完全竞争市场上，对一家厂商来说，价格是不变的。所以，厂商对生产要素的需求就取决于生产要素的边际收益。生产要素的边际收益取决于该要素的边际生产力。美国经济学家克拉克的边际生产力论是边际分析法在分配理论中的应用。所谓边际生产力(marginal product)，从实物形态上说是在其他条件不变的情况下，增加一单位某种生产要素所增加的实物产量，称为边际物质产品。从价值形态上说，就是在其他条件不变时，每增加一单位某生产要素所增加的产值，称为边际产值(valueor marginal product)，每增加一单位生产要素所增加的收入，称为边际生产收入(marginal revenue product)。边际生产力论认为：在其他条件不变的前提下，边际生产力是递减的，因此，生产要素的边际收益曲线是一条向右下方倾斜的曲线。这条曲线也是生产要素的需求曲线。当生产要素的价格为 P、需求量为 Q 时，使用的生产要素量可以实现 $MR=MC$。如果生产要素价格高，则 $MR<MC$，从而减少生产要素的需求量；如果生产要素价格低，则 $MR>MC$，从而增加生产要素的需求量。

7.1.3 不完全竞争市场上厂商生产要素的需求

在不完全竞争条件下，单个厂商具有控制市场的力量；所面临的是一条向右下方倾斜的需求曲线。这时，厂商要出售增加的产品，其价格必须低于以前单位产品价格，因此，售出每一追加单位产出所获得的边际收益就会降低，这就使得不完全竞争厂商的边际收益曲线与完全竞争厂商的边际收益曲线不尽相同。尽管两条曲线都是向右下方倾斜，但两条曲线下降的原因不同，在完全竞争条件下，要素的边际收益曲线由于要素的边际物质产品曲线下降而下降，即由要素的边际生产力递减而下降；而在不完全竞争条件下，边际收益曲线除了取决于要素的边际生产力，还取决于价格水平。因此，不完全竞争市场上厂商的边际收益曲线要比完全竞争厂商的边际收益曲线更加陡峭一些。

不完全竞争市场上厂商生产要素的需求量仍然是要实现边际收益与边际成本相等，即$MR=MC$。

7.1.4 生产要素的供给

在对生产要素需求了解的基础上，如果能够进一步了解生产要素的供给情况，便可根据供求关系决定其价格。然而，生产要素的供给不同于产品市场。各种要素在性质上有很大差别，并不能得出一般性的规律。一般来说，可以把生产要素分为三类。

1. 自然资源

在经济分析中，假定这类资源的供给是缺乏弹性的、固定的。但也不能过分绝对化。

2. 劳 动

这类生产要素的供给通常是随工资率提高而增加，但达到一定点后，工资率增加反而使劳动量供给减少。这是因为劳动者在达到一定工作量后，便宁可享受闲暇而放弃工作收入的增加。劳动的供给主要取决于劳动的成本，劳动的成本包括：实际成本，即维持劳动者及其家属生活必需的生活资料的费用，以及培养教育劳动者的费用；心理成本，劳动是以牺牲闲暇的享受为代价的，劳动会给劳动者心理上带来负效用，补偿劳动者这种心理上负效用的费用就是劳动的心理成本。劳动的供给有自己的特殊规律。一般来说，当工资增加时劳动会增加，但工资增加到一定程度后，如果再继续增加，劳动不但不会增加，反而会减少。这是因为货币工资增加到一定程度后，货币的边际效用递减，不足以抵消劳动的负效用，从而劳动就会减少。

3. 资 本

资本的供给通常具有中间产品的性质。一个行业的某种资本要素供给是另一个行业的最终产品。例如，汽车制造业使用钢铁作为生产要素，而钢铁则是冶金业的产品。因此，资本的供给一般遵循产品供给原则：供给价格越高，供给量越大。资本分为资本品和货币资本。资本品作为生产要素，其本身又是产出，即生产过程的产物，它包括机器、设备、原材料等。资本品的供给曲线与一般最终产品的供给曲线一样，是向右上方倾斜的，它取决于资本品的生产成本。货币资本不是生产出来的，它的供给主要取决于借贷资本的供给，也就是取决于与一定利息率相关的储蓄的大小。在利息率一定时，收入越高，储蓄就越多；在收入一定时，利息率越高，一定收入中用于储蓄的部分也就越多，储蓄越多就意味着货币资本的供给越多。把借贷资本的供给量看作是利息率的函数，利息率越高，意味着持有货币的机会成本越高，要使用货币资本就要向其所有者支付更高的报酬。因此，货币资本的供给曲线同资本品的供给曲线一样，是向右上方倾斜的。

7.1.5 生产要素价格的决定

前面我们分析了要素需求和供给的各种情况，现在我们就将各种情况进行组合来分析生产要素均衡价格和使用量的决定。为了简化和容易理解，我们在这里假定只分析一个可变要素，其他要素假定保持不变；同时这里只分析单个厂商的均衡，不讨论整个市场的均衡。

1. 产品市场和要素市场都完全竞争

由图7-1可知，当产品市场和要素市场处于完全竞争情况下，对于厂商来说，生产要素的需求曲线是生产要素的边际收益产品曲线（MRP）或者与它相等的边际产品价值曲线（VMP），生产要素的供给曲线是边际要素成本曲线（MFC）或者与它相等的平均要素成本曲线（AFC）。因此，均衡的条件是：

$$MRP=VMP=MFC=AFC$$

2. 要素市场完全竞争，产品市场不完全竞争

这种情况又叫卖方垄断，图7-2就反映了这种情况下的要素供求状况。由图可知，由于产品市场的不完全竞争性，使得产品的价格会随着产量的增加而下降，而边际收益下降得更快。因此，产品价格（P）大于边际收益（MR），从而 $MRP<VMP$，厂商此时只能根据增加要素带来的收益而增加的 MRP 来决定对要素的需求。也就是说，MRP 曲线才代表此时的要素需求曲线。另外，又因为要素市场依然为完全竞争市场，所以边际要素成本（MFC）和要素价格不随要素供给量的变化而变化，并且二者重合构成要素的供给曲线。如图所示，两条曲线相交于 E 点，此时要素的均衡使用量为 Q，要素的均衡价格为 P，其均衡条件是：

$$MFC=MRP$$

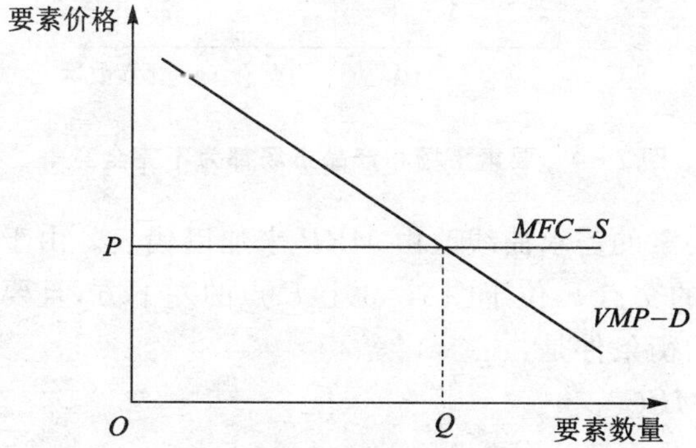

图7-1 完全竞争下要素需求和供给的均衡

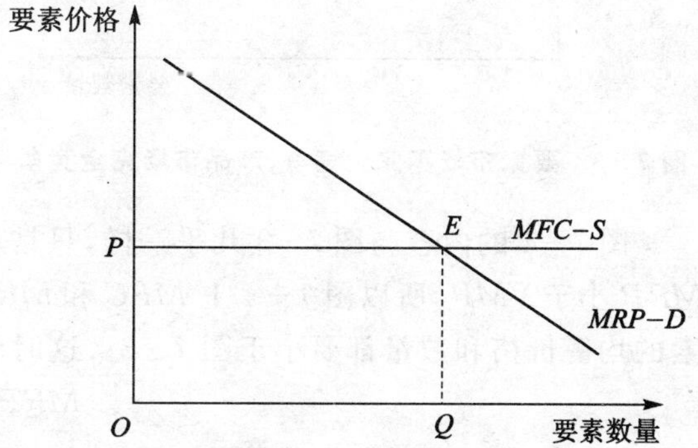

图7-2 卖方垄断下要素供求状况

3. 要素市场不完全竞争，产品市场完全竞争

在这种情况下，厂商的边际产品收益曲线和边际产品价值曲线是重合的（$MRP=VMP$），而要素的平均成本曲线（AFC），也就是要素的供给曲线和边际要素成本曲线却是分开的（$AFC\neq MFC$）。为了取得最大利润，各厂商都要购买生产要素来进行生产，一直到边际要素价值（VMP）等于边际要素所带来的成本增加（MFC）时为止。在图 7－3 中，二者相等之点为 E 点。该点决定的均衡生产要素数量为 Q，对照图上的市场供给曲线 AFC，相当于 Q 点的生产要素的均衡价格为 P。因此，在这种情况下，要素的均衡价格和使用量分两步来确定。首先由 VMP 和 MFC 曲线的交点确定要素的使用量，然后再找出要素供给曲线（AFC）上与该使用量所对应的要素价格，这个价格即是要素的均衡价格。这种市场条件下的厂商均衡条件是：

$$VMP=MRP=MFC$$

4. 要素市场和产品市场都为不完全竞争

在这种情况下，只需要把图 7－3 生产要素的需求曲线稍作修正即可得到它的均衡状态。图 7－3 的产品市场被假设为完全竞争，所以它的需求曲线是 VMP 曲线，而现在产品市场也处于垄断状态，所以对生产要素的需求就应该用 MRP 曲线来表示，如图 7－4 所示。

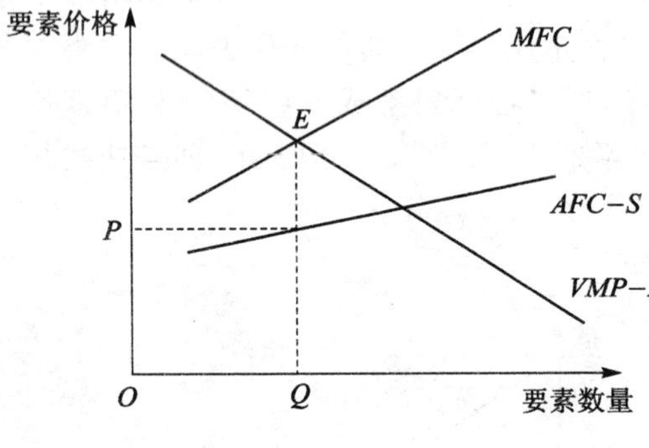

图 7－3 要素市场不完全竞争，产品市场完全竞争

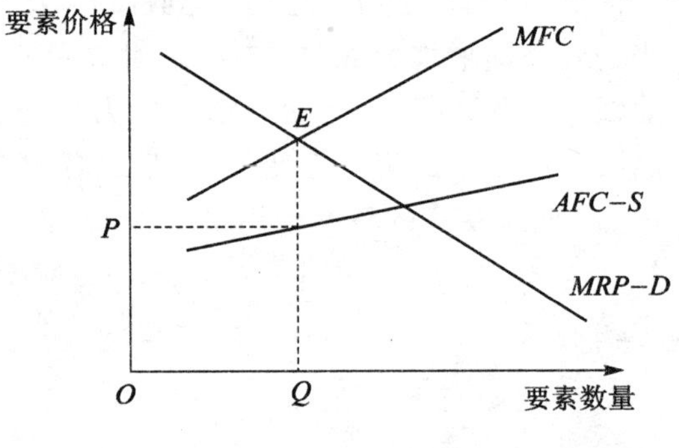

图 7－4 要素市场和产品市场都为不完全竞争

图 7－4 的内容与图 7－3 几乎一样，只是对要素的需求曲线改由 MRP 来加以代表。由于 MRP 小于 VMP，所以图 7－4 上 MFC 和 MRP 的交点 F 位于图 7－3 上 E 点的左下方，且要素的均衡价格和数量都要小于图 7－3。这时的均衡条件是：

$$MRP=MFC$$

7.2　工资、利率、地租、利润理论

7.2.1　工资理论

工资(wage)是在一定期间内,给予提供劳动的劳动者的报酬,也是劳动这种生产要素的价格。

根据报酬的性质,工资可以分为狭义的工资和广义的工资。狭义的工资,仅指雇佣劳动者的报酬。广义的工资,包括雇佣劳动者和独立劳动者的一切劳心、劳力的报酬,以及除货币工资以外所享受到的一切货币和非货币利益。

根据支付的方法,工资可以分为计时工资(time wage)和计件工资(piece wage)。计时工资是按照劳动时间计算的,有日薪、周薪、月薪、年薪等。计件工资则是按照完成工作的数量计算的。

根据工资的形式,又可以分为货币工资(money wage)和实际工资(real wage)。货币工资以货币数量表示,又叫名义工资(nominal wage)。实际工资则是按照工资能够购买的实物价值计算的。

在某些发达国家,工资收入占国民收入的 2/3 以上,构成国民收入的主要部分,也是生产成本的主要部分。因此,工资理论是分配理论研究中的首要课题。

1. 完全竞争市场上工资的决定

在完全竞争市场上,劳动的需求取决于劳动的边际生产力,由于劳动的边际生产力是递减的,所以劳动的需求曲线是向右下方倾斜的,表明劳动的需求量与工资水平反方向变动。劳动的供给曲线是向后弯曲的。将劳动的需求曲线和劳动的供给曲线结合起来,即可得到均衡的工资水平,及均衡的劳动数量,如图 7-5 所示。

图中,劳动的需求曲线 D 和劳动的供给曲线 S 相交于 E 点,决定了均衡的工资水平为 W_0,均衡的劳动数量为 L_0。劳动的需求或供给,任何一个变化都会使均衡工资水平发生变化,工资水平的升降也可以调节劳动市场的供求,使劳动的供求实现平衡。

2. 不完全竞争市场上工资的决定

不完全竞争市场有两种不同的情况:一种是买方垄断的市场,劳动的供给是由众多的相互竞争的劳动者提供的劳动所形成的,而购买劳动的厂商只有一家,即对劳动的需求是垄断购买的情况;另一种是卖方垄断的市场,对劳动的需求是由众多的相互竞争的厂商购买形成的,而劳动者却由工会组织在一起,成为要素市场的卖方垄断者。在这种不完全竞争的劳动市场上,工会对工资的决定通常起着重大的作用,这里,我们重点介绍一下工会在工资决定中的作用。工人通过工会组织在一起,集体出售他们的劳动。工会组织会尽量采取措施以提高工人的工资，具体方法有：

① 减少劳动的供给。如限制移民、最大工作小时立法、学徒期限延长、种族和性别的限制、拒绝接纳新会员加入工会或不让非工会会员参加工作，这些都是曾经使用过的限制劳动供给的方法。在需求不变的情况下，通过减少劳动的供给，可以提高工资，但会使就业人数减少，如图 7－6 所示。

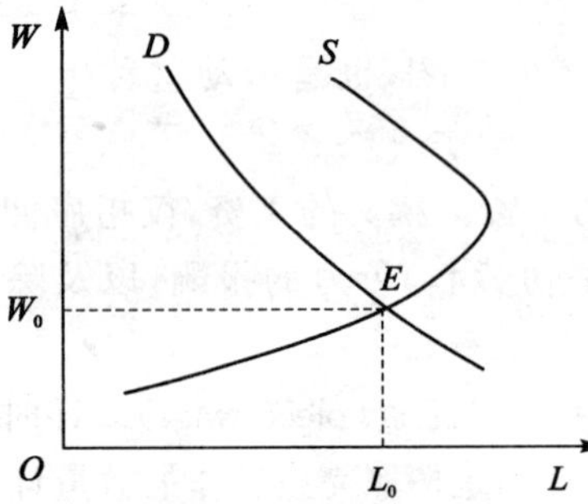

图 7－5 平衡工资的决定

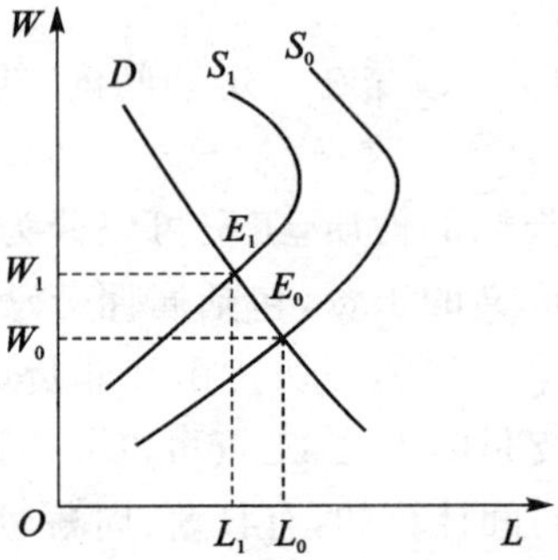

图 7－6 减少对劳动的供给

图中，劳动的需求曲线 D 和原来的劳动供给曲线 S_0 的交点 E_0 决定的工资水平为 W_0，就业人数为 L_0。由于劳动供给的减少，供给曲线从 S_0 左移到 S_1，它与需求曲线 D 的交点 E_1，决定了工资水平上涨到 W_1，而就业人数相应地却从 L_0 减少到 L_1。

② 增加劳动的需求。工会可以通过支持保护关税、广告竞争等办法，增加对厂商产品的需求，以提高对劳动的需求。在供给不变的情况下，通过增加对劳动的需求的方法，可以提高工资，同时还可以增加就业人数，如图 7－7 所示。

图中，劳动的供给曲线 S 与原来的劳动需求曲线 D_0 相交于 E_0，决定了工资水平为 W_0、就业人数为 L_0。由于劳动需求的增加，使劳动需求曲线从 D_0 右移到 D_1，它与供给曲线相交于 E_1，决定了工资水平上涨到 W_1，同时就业人数也从 L_0 增加到 L_1。

③ 最低工资法。工会迫使政府通过立法规定最低工资，这样，在劳动的供给大于需求时也可以使工资维持在一定的水平上，但这种方法可能会带来一定的失业人口，如图 7－8 所示。

图中，劳动的需求曲线 D 与劳动的供给曲线 S 相交于 E_0，决定的工资水平为 W_0，就业人数为 L_0。而规定的最低工资水平为 W_1，高于均衡工资水平，即 $W_1 > W_0$。在这种高水平的工资上，劳动的需求量为 L_D，而劳动的供给量为 L_S，明显 $L_S > L_D$，就会出现一定的失业人口。

工会虽然在工资的决定中起了很重要的作用，但它的影响程度同时也受到一些因素的限制。例如，整个经济形势的好坏、劳资双方力量对比、政府干预的程度与倾向性、工会的斗争方式与艺术、社会对工会的同情和支持程度等。工会只有善于利用各方面的条件，才能尽可能多地争取为工人提高工资。

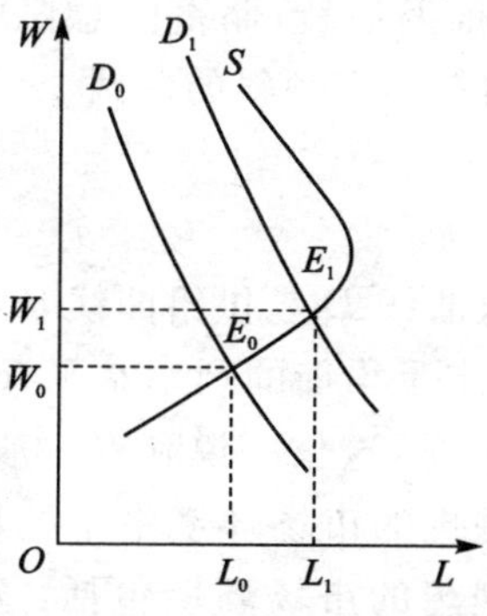

图 7－7　增加对劳动的需求

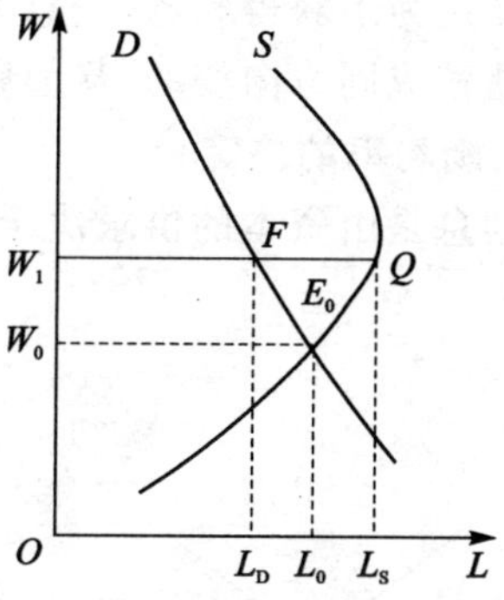

图 7－8　最低工资法

7.2.2 利　息

1. 利息理论

资本作为生产要素有两种基本表现形式：一是机器、建筑物等实物形式；二是以可贷资金形式表示的货币资本。本节所述资本即为此。

利息是资本这种生产要素的价格或者说是资本的报酬。资本的利息是厂商成本的一部分，对资本的所有者来说是收入。利息不是用货币的绝对量来表示，而是用利息率来表示。利息率是利息在每一个单位时间内（通常是一年）在货币资本中所占的比率。例如，货币资本为 1000 元，利息为一年 100 元，则利息率为 10％。

2. 利率的决定

经济学对于利率的决定，仍然是以供求关系来加以说明的。

(1) 资本需求

资本的需求取决于资本的边际生产力。根据前述，生产要素的边际生产力向右方递减，因此资本的需求曲线也向右下方倾斜。也可从投资的角度解释，企业的资本需求主要是企业的投资需求。企业借入资本进行投资，是为了实现利润最大化，这样投资就取决于利润率与利息率之间的差额。利润率与利息率的差额越大，即利润率越是高于利息率，纯利润就越大，企业也就越愿意投资。反之，利润率与利息率的差额越小，即利润率越接近于利息率，纯利润就越小，企业也就越不愿意投资。这样，在利润率既定时，利息率就与投资成反方向变动，从而资本的需求曲线是一条向右下方倾斜的曲线。

(2) 资本的供给

资本的供给主要是储蓄，即是通过家庭牺牲现在的消费而形成的。人们进行储蓄，放弃现期消费主要是为了获得利息,利息率越低,人们就越不乐意推迟消费,储蓄的意愿就越低。这样利率与储蓄成同方向变动,从而资本的供给曲线是一条向右上方倾斜的曲线。

(3) 均衡利率的决定

均衡利息是由资本的供求决定的,如图 7-9 所示。

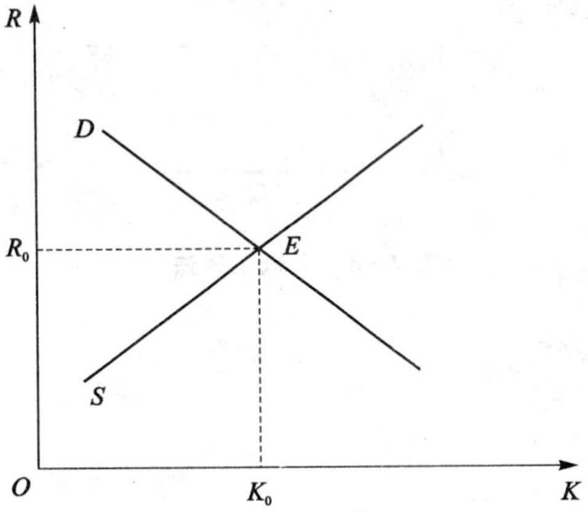

图 7-9 均衡利率的决定

资本的需求曲线 D 与供给曲线 S 相交于均衡点 E,由 E 点决定了均衡的利率水平 R_0 资本量为 K_0。应该注意的是,这里所说利率一般称为"纯粹利息率",是在理想的市场环境中单纯地由资本供求关系决定。理想的市场环境包括:资本自由流动,没有任何风险,不考虑借贷期限,不考虑管理费用,不考虑市场分割和借贷方式的差别等。而在实际的资本市场无法达到这种理想状况,利率受到各种因素的影响,因此纯利率和实际利率并不相同。若政府利用行政手段规定利率的最高界限 I,那么会使供给量 K_1 少于需求量 K_2,导致资本短缺。它有可能诱发人们进行非法的高利贷交易,其利率可能高达 I_2。此外投资风险的大小;对经济形势的预期;借贷时间的长短;通货膨胀的大小等这些因素都会对市场利率产生影响。在发生通货膨胀的情况下,区分真实利率和货币利率是很重要的。真实利率是以利息实际能够购买的商品和劳务来测量的利息率,货币利率是单纯以支付的货币来测量的利息率。例如,一年支付 100 元借款的利息 8 元,货币利率就是 8%,如果物价水平上升了 8%,则真实利率为零。因为现在 108 元所买到的商品和劳务同过去 100 元所买的商品和劳务一样。因此真实利率是货币利率同通货膨胀率的差额。如果借出货币的人们期望保证一定的真实利率,他要求的利率必须是在真实利率的基础上加上预期的通货膨胀率(如物价上涨率)。

7.2.3 地 租

1. 地租产生的原因

西方经济学关于地租产生原因的分析,基本上都是分析级差地租产生的原因。一种解释是继承古典学派李嘉图的分析,假定一个国家具有几种不同质量的土地,并且认定最初人口所需要的农产品可以在优等地上生产出来,农产品的价格也比较低,这时候耕种的优等地并不产生地租。但是随着人口的增长和对农产品需求的增加,农产品的价格开始上升,因而中等地开始投入耕种。由于中等地的生产率低于优等地,所以优等地大于中等地收益的部分就转化为优等地所有者的收入，形成地租。同理，劣等地的情况也一样，中等地以及优等地中高于劣等地的收益也形成了地租。这也可以表现为由于劣等地的产品的平均成本高于中等地和优等地产品的平均成本，但产品都按劣等地的平均成本出，从而形成中等地和优等地的级差收入转化为土地所有者的地租收入。

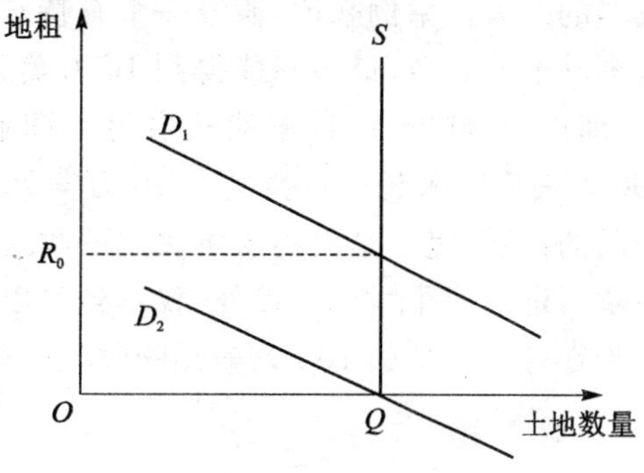

图 7－10　地租产生的原因

第二种解释是把地租产生的原因归结为土地的稀缺，而与土地的等级无关。他们假定刚开始的时候，如图 7－10 所示，土地的需求曲线和供给曲线相交于横轴上的 Q 点，这时不产生地租。但是随着人口的增长和农产品需求的增加，农产品价格不断上涨，从而推动土地需求曲线从左下方向右上方水平移动，这时候地租开始产生，并将随着需求的上升而不断上升。

当前，越来越多的学者将我国农地制度改革视为解决"三农"问题的关键，并探索了与此相关的农业和农村经济结构调整、农业产业化、农村城镇化等问题。这些问题的解决不仅需要大量实践与调查，而且更需要从理论上对地租、土地所有权及土地价格等问题有清楚的认识。当然，在进行理论分析时，我们不能只借鉴现代经济学的观点，还应借助于马克思主义政治经济学的科学分析工具。在《资本论》第 3 卷第 37～47 章中，马克思全面研究了级差地租、绝对地租及资本主义地租的产生，并分析了地租形成的本质原因和变动的一般规律，这些分析既有强调资本主义社会的特殊性内容，也揭示了许多市场经济运行的一般特征，还有对更高级社会形态的原则设想。虽然我们无法完全将马克思的这些理论套用在我国现实的农地制度研究上，但这些理论无疑对于解释我国农地制度变迁现象和推动农村经济发展具有重要的指导作用。

2. 准地租与经济租

西方经济学把土地因供给固定不变而完全由土地需求决定的地租称为纯经济地租。但是在现实生活中，有不少经济资源在供给上同土地一样具有固定不变的性质。例如在短期内，工厂的厂房、机器及其他耐用设备的固定性很强，不易从一个行业转往另一个行业，厂商使用这类固定要素也要支付服务价格，类似于使用土地时支付地租一样。这种对供给量在短期内固定的生产要素所支付的价格，就称为准地租(quasirent)。一般而言，这些要素和土地的供给还是不一样的，它们只是在短期内暂时保持不变。从长期来看，它们的供给是可以变化的，它们可以在部门之间流动或者增减，所以它们的服务价格和地租还是有区别的，只能被称为准地租。

在长期，一切要素都是可变的，所以如果想使特定的生产要素继续留在这个行业内，那么厂商支付给它们的报酬(服务价格)必须超过它们转移到其他行业所能获得的最大收益，这个超过的部分就是经济租(economicrent)。也就是说，经济租在数量上等于要素收益与其机会成本的差额。举例来说，假设一个有特殊才能的篮球明星，他的年薪是100万美元，但如果他从事其他的职业，最多只能得到10万美元，这表示他本人提供的“打球”这样的劳务的机会成本，即由于“打球”以致未能从事另一职业所牺牲的收入为10万美元。在这种情况下，他的100万美元收入超过机会成本10万美元的余额，即90万美元。这就与前面谈到的地租具有相同的性质，完全是由需求所决定的收入超过机会成本的余额，因而就是经济租。如果我们进一步假定他除了“打球”以外，找不到可以获得任何收入的职业，这表示他从事“打球”的机会成本为零，这时，他的100万美元的收入就全部是经济租。

3. 寻 租

寻租一词是由美国经济学家安妮·克鲁格最早在《寻租社会的政治经济学》一文中提出的。在现代西方经济学文献中，寻租的定义多种多样，一般认为寻租就是通过从事非生产性竞争活动，获取某些行业或项目的独家经营权、特许权、优惠权，还有优惠的税率、汇率、利率及其他稀缺资源的供给，从而获取利润的行为。

我们在前面讲过，生产要素的供给缺乏弹性是产生租金的主要原因。常见的例子是农业，适宜于农业耕作的土地数量是有限的，还有就是地下石油、煤、天然气、贵金属和其他类似的资源，其供给也是固定的。另外，有许多资源的供给数量限制不是由自然条件而是由政府法律法规因素造成的。在许多领域，必须有执照或许可证才能进行生产经营，其数量是由政府来规定的，烟酒经营及出租行业等都是用这种方法进行管制的。

寻租理论讨论的租金就是由于政府对市场进行行政干预和管制，抑制了市场公平竞争造成资源的稀缺性，从而形成的额外利润。所以，寻租也可以称之为占有或获取具有固定供给量的生产要素的要求权的努力。各类寻租人在寻租活动中，采用的主要手段是游说、行贿、接近权力中心和走后门等。寻租并不会创造更多的社会资源，它只是改变生产要素的所有权关系。寻租的成本低，收益高，且固定成本较为稳定，追加成本不多，其收益呈递增趋势。可观租金的存在，诱导大量的人或利益集团从事寻租活动，而且一项寻租活动会一连串地引起其他更多的寻租活动。为了更加具体地剖析寻租活动，我们可以看下面的实例。先假设某开发区可供批租的土地数量是有一定限制的。由于土地的批租是由政府主管部门决定，实际上更是由政府的主管官员决定，那么，批到土地的最佳办法就是投入一定的人力、物力和财力，去劝说或贿赂政府主管官员，影响他们在批租土地时的决策。由此可见，这部分本来可以用于创造财富的资源被挪用来从事非生产性的寻租活动，它既导致公共权力的不合理运用，又造成社会资源的畸形配置和浪费。

关于对付寻租者的手段，西方学者做过比较全面系统的论述，其主要内容可归纳为以下几个方面：

① 对寻租行为予以揭露，也就是实行“阳光政策”。

② 形成一种反对寻租的道德或思想环境。因为社会观点或意识形态对人们行为具有一

定的影响作用。

③ 改进调整财产权的程序,合理界定产权,防止由于所有权不清晰而引起的寻租行为。

④ 制定约束性条款,取消那些有利于特殊集团的法律或法规。

⑤ 政府出钱使垄断者放弃垄断地位,但此措施只适用于某些特定时期一次性使用,因为对政府来讲,经常性地买下垄断地位可能会引起另外一些负面影响。

⑥ 改变制度结构,使寻租活动变得更加困难,从制度上限制那些可能造成寻租活动的行为等。

7.2.4 利　润

西方经济学家把利润分为正常利润和经济利润。

1. 正常利润

正常利润(normal profit)是企业家才能的报酬,它被包括在成本之中。在长期内,如果企业家得不到正常利润,他就会退出生产。正常利润的决定与工资类似,取决于“企业家才能”的供求关系。由于企业家在生产过程中起着很重要的作用,对企业家才能的需求量很大,又由于企业家才能是经过特殊训练和培养才获得的,其成本很高。所以,企业家才能的供求曲线的交点所决定的正常利润就会远远高于一般劳动者的工资。可以说,正常利润是一种特殊的工资,其特殊性就在于其数额远远高于一般劳动所得到的工资。

2. 经济利润

经济利润是指超过正常利润的那部分利润,又称超额利润(excess profit)或纯粹利润。

(1) 利润的主要来源

① 创新。西方经济学家认为,如果超额利润是创新的结果,就是一种正当的所得。所谓创新,就是建立一种新的生产函数,即对生产要素和生产条件的一种新的组合。创新共包括五种情况:第一,引入一种新产品;第二,采用一种新的生产分配理论方法;第三,开辟一个新市场;第四,获得了一种原料的新来源;第五,实行一种新的企业组织形式(新的管理方法)。这五种形式的创新都可以产生超额利润。创新是社会进步的动力。所以,创新所获得的超额利润,是对那些有远见有胆识的人们的奖励,是正当的,是社会进步必须付出的代价。一个社会能否进步,就在于有没有一批敢于创新的企业家。

② 风险。风险是指投资者面临失败的可能性。企业家进行某种有可能失败的生产活动时,他面临着由于遭到失败而导致经济损失的可能性。在社会经济发展过程中,总需要有人去承担风险。由于承担风险而获得的经济利润,不过是社会为冒险活动所支付的保险费用。

③ 垄断。由垄断而产生的利润又叫垄断利润,它既可以产生于卖方垄断,又可以产生于买方垄断。卖方垄断也称垄断或专卖(monopoly),指对某种产品出售权的垄断。垄断者可以

抬高销售价格以损害消费者的利益而获得超额利润。买方垄断也称专买(monopsony),指对某种产品或生产要素购买权的垄断。在这种情况下,垄断者可以压低收购价格,以损害生产者或生产要素供给者的利益而获得超额利润。垄断所引起的超额利润是垄断者对消费者、生产者或生产要素供给者的剥削,是不合理的。这种超额利润也是市场竞争不完全的结果。

(2) 利润在经济中的作用

资本的根本动机是利润,这是一个毋庸置疑的问题。西方经济学家进一步认为,企业家不断地追求利润,在经济生活中是有其客观意义的,更进一步说,利润还是社会进步的动力。这是因为:

① 正常利润作为企业家才能的报酬,是提高厂商经济效率的重要条件。它可以鼓励企业家更好地经营和管理企业,不断提高经济效益。

② 经济利润是创新的动力,没有经济利润,也就不会有创新,也就没有对创新的模仿和普及。所以,由创新而产生的经济利润鼓励企业家不断大胆创新,这种创新有利于社会技术进步。

③ 经济利润使投资者愿意承担一定的风险,如果没有这种诱惑,具有风险性的产品就不会有人去生产。所以,由风险而产生的经济利润鼓励企业家勇于承担风险,从事有利于社会经济发展的风险事业。

④ 追求利润的目的使企业按社会的需要进行生产,努力降低成本,有效地利用资源,从而在整体上符合社会的利益。

⑤ 整个社会以利润来引导投资,使投资与资源的配置符合社会的需要。

7.3 社会收入分配

7.3.1 衡量社会收入分配状态的标准

在不同的历史时期和不同的社会中,收入分配的不平等程度是存在差异的。经济学家们常常用洛仑兹曲线和基尼系数来测量收入分配的不平等程度。

1. 洛仑兹曲线

在社会角度上,收入分配的平等或不平等程度,可以通过简单考察一定比例的人口所占收入比例的大小来分析。比如:总人口中收入最低的10%的人口占总收入的百分比究竟是多少?收入最低的20%的人口占总收入的百分比是多少?收入最低的30%、40%、50%等的人口占总收入的多大比例?如果以人口的累积百分比和收入的累积百分比为两个坐标轴,把一个特定时期内特定社会的人口累积比例与收入累积比例的对应关系点描绘在坐标平面上,就会勾画出一条曲线,这条曲线就是洛仑兹曲线。简而言之,洛仑兹曲线就是反映人口百分比与收入百分比关系的曲线，如图 7－11 所示。直线 OO' 为 45°线，在 OO' 线上的点到两轴的垂直距离相等，即 20％的人口占有 20％的收入、40％的人口占有 40％的收入，如此等等。因此，直线 OO' 表示了一定比例的人口就拥有与之相同比例的收入，表示了收入分配的绝对平等。与直线 OO' 不同，折线 OEO' 反映了收入分配的绝对不平等状况。在这样一种状况下，其中 99％的人都没有收入，而 1％的人拥有 100％的收入。

实际上，任何国家在任何时期的收入平等程度必定介于绝对平等和绝对不平等之间，如图 7－11 中的弧线 OO' 所示。弧线 OO' 代表了某一条洛仑兹曲线。很明显，洛仑兹曲线越靠近绝对平等线，反映收入分配的平等程度越高；洛仑兹曲线越靠近绝对不平等线，其代表的收入分配越不平等。经济学家通常根据统计调查资料来描画洛仑兹曲线，从而研究收入分配的平等程度。

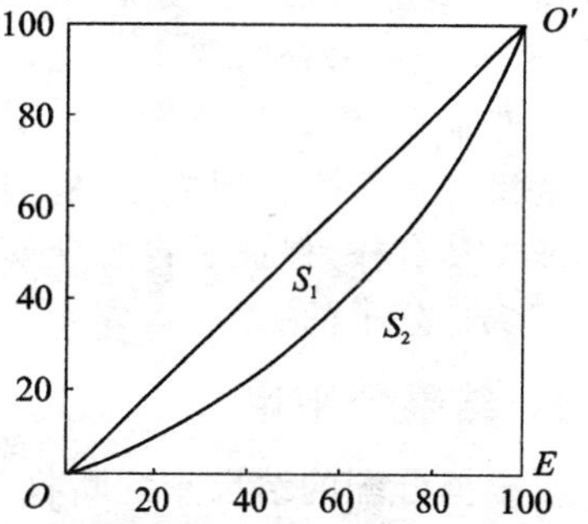

图 7－11　洛仑兹曲线

2. 基尼系数

除了用图形直观地表示收入分配平等程度之外，基尼系数也是分析收入平等程度的重要工具。在图 7－11 中，把实际的洛仑兹曲线与绝对平等线之间的面积，表示为 S_1，把实际洛仑兹曲线与绝对不平等线之间的面积表示为 S_2，则基尼系数的计算公式为：

$$\text{基尼系数} = \frac{S_1}{S_1 + S_2}$$

显然，当实际洛仑兹曲线与绝对平等线重合，即 S_1 为 0 时，基尼系数为 0，这时收入分配绝对平等；当实际洛仑兹曲线与绝对不平等线重合，即 S_2 为 0 时，基尼系数为 1，这时收入分配绝对不平等。实际基尼系数总是大于 0 小于 1 的。基尼系数越小收入分配越平等；基尼系数越大，收入分配越不平等。

按照国际上通用的标准，基尼系数小于 0.2，表示收入分配高度平均；介于 0.2～0.3 之间表示相对平均；介于 0.3～0.4 之间表示基本合理；0.4 是收入贫富差距的警戒线；如果基尼系数介于 0.4～0.5 之间则表示收入差距较大；0.6 以上视为高度不平均。

7.3.2　收入分配的公平与不公平

“任何一个社会都应该实现公平”是人类的理想，但对于什么是公平，却众说纷纭。在收入分配问题上有两种公平论，即过程公平论和结果公平论。

1. 过程公平论

根据分配的机制或手段来判断是否公平。换而言之，无论结果如何，只要机制是公平的，就实现了公平。在收入分配问题上，这种观点强调的是决定收入的机制是否公平。这种观点的主要代表是美国哲学家罗伯特·诺齐克，其代表作是《无政府、国家与乌托邦》。这种观点认为，收入分配是否公平，关键在于决定分配的机制。在市场经济中，重要的是制度上的公平，而这种公平要以私有产权和自愿交易为基础。人们通过交易来实现私有财产的转移。只要交易是公平的，产生的结果就是公平的。在生产中，私有产权制度保证了每个人的要素由个人所拥有，各自交换自己的要素，这种交易的自愿性与平等性决定了分配的公平性。例如，一个歌手举行演唱会，每张门票 100 元，听众自愿购票，如果有 1 万个人购票，歌手得 100 万元。这种收入虽然很高，但是只要没有强迫歌手唱歌和听众买票，歌手与听众是自愿的交易，歌手的高收入就没有什么不合理之处，他与其他人的收入差别就是公平的。根据这种观点，只要分配机制保证了私有权，保证了自愿交易，每个人都以平等的权利参与市场交易，无论分配的结果如何，分配都是公平的。

2. 结果公平论

根据分配的结果来判断收入分配是否公平。换而言之，只有结果的平等才实现了公平，这种观点的主要代表是美国哲学家罗尔斯，其代表著作是《正义论》。这种观点认为，如果最穷的人可以通过从任何一个其他人那里得到收入而增加福利，那么公平就是要求进行这种分配。按这个标准，最公平的分配应该是完全平等的分配。但实际上并非如此，因为这种分配引起效率损失，会使所有人的福利减少。所以，结果公平论并不是主张完全平等的分配，而是关注最穷的人的状况，通过收入再分配来增加他们的收入。

这两种观点反映了人们对收入分配的不同看法。在现实中，无论持什么观点的人，都认为需要某种形式的收入再分配来保证社会某种程度的公平与稳定。

在现实经济生活中，收入不平等是客观事实。引起这种收入不平等的原因主要有以下几个方面：

① 由历史原因所决定的初始财产分配状态的不平等。财产的集中，一般是通过以往的高收入的积蓄、持有普通股票或不动产取得的投机收入、发现大量的天然资源、新产品和新工艺的发明等来实现的。由于财产的拥有具有无限性和可继承性，因而使得财产的拥有量成为决定收入不平等的重要因素。

② 来自于劳动力的差异，即能力(智能和体能)的不同，由此决定了具有不同能力的劳动者的收入差距。此外，特殊行业和危险部门具有较高的报酬率，甚至运气也有收益，例如找到一项能够充分发挥自己能力的合适的工作。这些因素也是造成收入不平等的原因。

③ 由要素报酬率的不平等造成。这是由于在现实经济生活中，并不具备瓦尔拉斯边际生产率理论实现的前提，特别是大致相同的各种生产要素的相对供给量、健全的市场体制和要素完全自由流动等条件，很难在现实中得到满足。例如，政府的最低工资法和工会的集体谈判可能会使已就业工人的工资高于由完全竞争市场决定的均衡工资率；地理上或专业上的固定性，会阻碍生产要素转移到可能获得更高收入的经济部门等。所以各种要素之间的相对稀缺性和市场竞争的不完全性会阻止生产要素获得自己边际生产力的价值，导致要素报酬的不平等，从

而引起收入分配的不平等。此外，种族歧视、性别歧视或年龄上的歧视也会严重阻碍许多工人得到自己全部边际价值产品；而经济衰退和失业则会使许多劳动者根本无任何收入。

7.3.3　收入分配政策

1. 税收政策

在微观经济政策中，税收的目的在于通过税收手段缩小收入差距，而不是宏观经济中的财政政策，其主要手段是个人所得税。累进所得税制就是根据收入的高低确定不同的税率，对高收入者按高税率征税，对低收入者按低税率征税。以美国为例，按收入的高低分为 14 个税率等级。最低的税率为 11%，最高税率为 50%。其他各国的所得税也是这种累进税制，只是具体的税率规定不同。这种累进所得税，有利于纠正社会成员之间收入分配不平等的状况，从而有助于实现收入的平等化。

此外，在个人所得税方面，还区分了劳动收入税与非劳动收入税。对劳动收入按低税率征收，而对非劳动收入（股息、利息等收入）按高税率征收。除了个人所得税之外，还有遗产和赠予税，即对财产的转移征收税收；财产税，即对不动产（如土地、房产等）征收税收；消费税，即对某些商品和劳务的消费征收税收。在实际中，遗产税、赠予税、财产税和消费税，在某种程度上减少了富人的收入，但作用并不明显。这是因为富人可以用各种办法逃税。

2. 社会福利政策

如果说税收政策是要通过对富人征收重税来实现收入分配平等化的话，那么，社会福利政策则是通过给穷人补助来实现收入分配平等化。因此，我们把社会福利政策作为收入分配平等化的一项重要内容。社会福利政策的历史很长，早在 18 世纪的英国，就有了“济贫法”。但它作为一项重要的经济政策，是在 30 年代形成的。战后，社会福利政策有了迅速的发展，许多国家，尤其是北欧与西欧一些国家，实行了“从摇篮到坟墓”的社会保险福利制度。

思考与自测

1. 生产要素价格在不同市场类型中是如何决定的？
2. 工会是如何影响工资决定的？
3. 什么是准地租与经济租？
4. 什么是洛伦兹曲线，画图说明。
5. 基尼系数是如何计算的，它的大小有什么意义？

第 8 章

市场失灵与政府干预

8.1 市场失灵

西方发达国家及一批现代化国家市场经济的实际里程和政府职能的演化轨迹表明，市场调节这只“看不见的手”有其能，也有其不能。一方面，市场经济是人类迄今为止最有效率和活力的经济运行机制和资源配置手段，它具有任何其他机制和手段不可替代的功能优势。但是另一方面，市场经济也有其局限性，其功能缺陷是固有的，光靠市场自身是难以克服的，完全摒弃政府干预的市场调节会使其缺陷大于优势，导致市场失灵。因而必须借助凌驾于市场至上的力量——政府这只“看得见的手”来纠补市场失灵。

市场失灵是指市场机制不能正常发挥作用，从而使资源配置不能达到最优状态。狭义的市场失灵是指完全竞争状态的假定条件得不到满足而导致市场机制不能有效的配置资源。广义的市场失灵还包括市场机制在配置资源过程中导致的经济波动和收入分配不公等现象。西方经济学中的市场失灵一般是指狭义的市场失灵。

按照西方经济学者的分析，市场失灵主要有以下几个方面的表现或者原因。

8.1.1 公共物品

严格地讲，市场能够合理配置的资源，主要是在私人物品的生产和使用上。实际上，在国防、外交和社会秩序等公共物品领域，市场不可能保证经济效率的充分实现。下面将在对公共物品进行明确界定的基础之上，主要分析公共物品导致的市场失灵以及相应的解决方式。

1. 公共物品的含义及特性

在经济学看来，物品大体上可分为私人物品和公共物品。一种物品究竟是否是公共物品，关键在于该物品的使用是否是非排他的和非竞争的。因此，要理解公共物品，就必须先分析非排他性和非竞争性。

（1）非排他性和非竞争性

通俗地讲，非排他性是指任何人都可以无偿享用，或者说不能够阻止任何人随意享用。对于市场上的大多数物品来说，是可以而且容易阻止人们无偿或随意享用的。对于这些物品，一个人能否享用，通常取决于他是否为此支付了费用，支付费用者可以享用，不支付费用者不得享用。例如，一个人如果不出钱购买，就喝不到自选超市里摆放着的饮料，也穿不成商场货架上的 T 恤。但现实中的有些物品是无法实现排他性使用的，而有些物品虽然可以实现排他性使用，但为此花费的成本太高，得不偿失。国防就是一种非排他性物品。一个国家的国防开支有赖于国民税收，有的人纳税多，为此而支付的费用较高；有的人纳税少，为此而支付的费用较低，还有些人根本没有纳税，也就根本没有支付费用。但是，一个国家的军队一旦建立起来，并配备武器装备，无论该国民是否为此支付了费用，都可以从军队所提供的保护中受益。同样，控制蚊蝇、预防传染病的工作也是如此。一个社区一旦进行了这项工作，该社区的所有居民都会从中受益，不论其是否为此付了费，都无法阻止他们从中获得好处。

当使用某种物品的消费者人数增加时，不会影响原来的消费者对该物品的消费，或者说物品可以让多人共享而不损及其中任何人的效用，这样的物品就是非竞争性物品。严格地说，非竞争性就是指在一定的生产水平下，向一个新增消费者提供物品的边际成本为零。市场中的绝大多数物品都是竞争性的。例如，一个人喝掉一听饮料，另一个人就无法再喝这一听饮料，另外要增加面包的消费，就要增加面包的生产，为此必须增加面粉、糖、劳动和设备的投入，生产的边际成本是大于零的。但对某些物品而言，增加消费者的消费并不增加额外成本。例如，在交通并不拥挤的公路上，增加一辆汽车的行驶并不会影响其他汽车的行驶，也不需增加额外的投入；多一个人收看某一频道的电视节目，这既不会影响其他人收看，也并不会使电视台的开支增加。

（2）公共物品和私人物品

如果一种物品的使用是非排他性的和非竞争性的，这种物品就是公共物品。公共物品的经典例子就是国防。事实上，世界上最大的公共物品是知识。正如人们所知道的那样，知识可以大家共享，甚至没有国界的限制，而且知识是以零边际成本向人们提供的。某些知识可以因专利保护而享有排他性，多数知识不能因专利保护而享有排他性，而且多数知识所产生的好处都是以外部利益为主的，不具有排他性。除了国防和知识之外，灯塔、蚊蝇控制、传染病预防等也是常见的公共物品。

与公共物品不同，在经济学上，具有排他性和竞争性的物品被称为私人物品。我们在市场上购买的物品几乎全是私人物品。面包、饮料、汽车、住宅都是典型的私人物品。除了典型意义的公共物品和私人物品外，还存在大量的中间情况，比如有些物品是排他的，但也是非竞争性的。例如，在交通不拥挤的时候，在桥上通行是非竞争性的，因为桥上增加一辆车并不降低其他车的速度，也不会增加其他投入成本。但是桥的通行可以是排他的，因为路桥的管理部门可能只允许交了费的汽车通行。电视信号是另一个例子，一旦信号被播放，增加的使用者得到信号的边际成本为零，而且并不会影响其他用户的收视效果，因而该物品是非竞争性的。但是广播信号能够通过加密而变为排他的。有些物品是非排他的，但也是竞争性的。空气是非排他的，但是如果一个厂商的废气排放降低了空气质量和他人享用空气的能力，空气就可能是竞争性的。海洋或湖泊是非排他的，但捕鱼是竞争性的，因为一个人捕鱼越多，其他人可能捕到的鱼就越少。

2. 公共物品的最优生产

搭便车行为的存在，使得由政府提供公共物品变得较为有利。因为政府能够制定税费标准，并通过强制征税间接地收取公共物品价格，以补偿生产成本，保证公共物品的供给。公共物品必须由政府生产。现在的问题在于政府应如何确定公共物品的最优产量，以实现资源的合理配置。从理论上讲，政府应根据边际成本等于边际收益原则来确定公共物品的生产量。换句话说，公共物品的均衡产量是由公共物品市场特殊的供求关系决定的。

就需求方面看，公共物品的市场需求不同于私人物品。私人物品具有排他性，它的市场需求是各个消费者需求的水平加总。由于公共物品的非排他性，其市场需求是各个需求的垂直加总。就供给方面看，公共物品由政府生产，其供给成本是税收总额，因此政府的税收和支出的决策方式决定着对物品的供给数量。在一些国家中，一般通过投票来决定，而个人的投票又是与他对公共物品的偏好密切相关的。一般而言，公共物品的市场供给仍然符合供给规律，公共产品的市场均衡，即S与D的交点，决定着公共物品的均衡数量和均衡价格(即均衡税费)，从而决定着社会资源向公共产品的最优配置。

8.1.2 外部性

在很多情况下，某个市场主体的一项经济活动会给社会上的其他成员带来影响，我们把这一经济现象称作外部性。如果一个人的经济行为给别人带来了好处，但他自己却不能由此得到补偿，此时，这个市场主体从经济行为中得到的私人利益小于该行为所带来的社会利益，这种性质的外部性被称为“外部经济”。根据经济活动主体的性质，外部经济还可以分为生产的外部经济和消费的外部经济。另一方面，某个市场主体的经济活动也可能给社会上的其他成员带来危害，但他自己却并不为此支付足够抵消这种损害的成本。此时，这个市场主体为其活动所付出的成本就小于该活动所造成的社会成本，这种性质的外部性被称为“外部不经济”。

外部不经济也可以按社会经济活动主体的性质不同而分为“生产的外部不经济”和“消费的外部不经济”。总之，当一个市场主体的经济活动，所形成的私人成本不等于社会成本，私人收益不等于社会收益时，就产生了外部性。如果其支付的私人成本小于社会成本，它就造成外部不经济；而如果其得到的私人收益小于社会收益，它就带来了外部经济。外部性的广泛存在，将造成一个严重后果：完全条件下的资源配置将偏离帕累托最优状态，即使假定整个经济仍然是完全竞争的，由于存在着外部影响，整个经济的资源配置也不可能达到帕累托最优状态。“看不见的手”在外部性面前失去了作用。

通过课税和补贴能消除外部性——庇古法则。

由于外部性的存在导致了市场失灵，产生效率损失，因此，消除外部性对经济系统的消极影响，就成为经济学研究的一个重要内容。根据经济活动主体的理性特征，在成本-收益比较是经济行为的基本法则的前提下，消除外部性的一个基本原则就是使外部性内在化，经济学界提出了诸多措施来试图达到这一目标，其中税收和津贴就是被最早提出来的解决方法之一。

新古典经济学的代表人物之一，旧福利经济学的创始人庇古，在详细分析外部性对市场效率和社会福利的影响之后，提出了用税收和津贴等由政府实施的强制性地使外部性内在化的措施，被称为“庇古法则”。

用税收和津贴来解决外部不经济问题时，税收相当于政府向外部成本制造者挥起的棍棒，而津贴则是向其递出的胡萝卜。其宗旨都是要使外部成本的制造者承担全部社会成本，在真实成本约束下进行最优化决策，让税负等于社会成本和私人成本之差额。政府也可以向企业提供津贴的方式来使它们减少乃至消除其经济活动的外部成本。由于企业通过治理污染会导致私人成本的提高，在得不到相应补偿的情况下，企业倾向于不治理或者说企业的治污激励不强，这时，政府可以通过给予企业津贴的方式补偿其治污成本，从而使其减少外部成本。比如说，如果政府向一个有污染的钢铁企业支付津贴相当于帮他购买设备以治理污染，这样在不增加企业直接支付的私人边际成本的前提下，通过污染治理减少了钢铁生产的外部成本，同时，钢铁产量也不会因为治污而减少。可见，政府津贴是治理污染的一个好方法。但是与税收相比，津贴实际上是让政府承担了由企业制造的一部分社会成本，显然不像征税那样会减少企业的产量，但津贴的最终来源是税收，故企业治理污染的成本仍然是由外部人承担的，如钢铁企业等还是没有承担钢铁生产的真实成本。所以，经济学家更偏爱税收而不是津贴，而制造外部成本的企业则更喜欢津贴这种形式。

8.1.3　垄　断

在完全竞争的条件下，市场的需求和供给决定价格，而价格又调节着市场的需求量和供给量，从而实现社会资源的有效配置。但是，在存在垄断的条件下，竞争受到了限制，垄断厂商可以对商品的价格实行控制，使商品价格不能真正反映市场供求情况并随着供求的变化而变化，市场调节将会失灵。资源有效配置的条件是市场价格等于边际成本。在垄断的条件下，导致市场缺乏效率的原因是市场价格与边际成本的分离，垄断者生产小于社会有效率的量，并收取高于边际成本的价格，引起了无谓损失。我们利用图 8－1 对完全垄断与完全竞争两种市场长期均衡情况进行比较，看看垄断造成的社会成本。

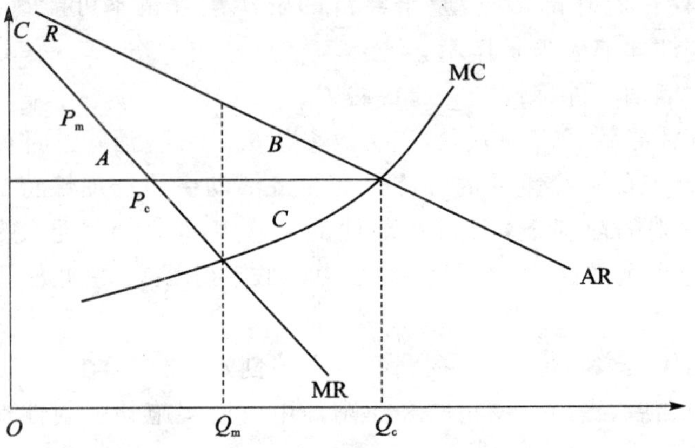

图 8－1　完全垄断与完全竞争的比较

我们假定由一个垄断者来生产完全竞争产业所有的厂商所生产的产品，假定完全垄断与完全竞争这两种市场产生完全相同的成本曲线。图中 P_c 和 Q_C 分别代表完全竞争市场的均衡价格与均衡数量；P_m 和 Q_m 分别代表完全垄断市场的均衡价格与均衡数量。对于完全竞争市场下的厂商来讲，按照 P_c 的价格生产 Q_C 的产品可以使每一个厂商都获得最大化的利润。对于垄断者来讲，按照 P_m 的价格生产 Q_m 的产量可以获得最大化的利润。在两种市场都分别使厂商达到利润最大化均衡的情况下，垄断市场的均衡价格 P_m 高于完全竞争市场的均衡价格 P_c，垄断市场的均衡产量 Q_m 低于完全竞争市场的均衡产量 Q_c。垄断条件下，消费者支付了较高的价格，但是却消费较少的产品数量。由于完全竞争条件下生产 Q_c 的产量是在平均成本最低点生产，而垄断条件下生产 Q_m 的产量不是在平均成本最低点生产，所以垄断条件下企业的生产能力没有得到充分利用。

从社会的意义上讲，市场价格反映了消费者的边际福利，而边际成本则反映了社会为生产这一单位的边际成本。如果以社会总剩余作为衡量社会福利的标准，那么在垄断市场上，垄断会通过损失消费者剩余与生产者剩余而造成社会福利的无谓损失。

消费者剩余是消费者愿意支付的价格与实际支付的价格之差。生产者剩余是生产者生产某种产品的成本与实际得到的价格之差。总剩余是消费者剩余与生产者剩余之和。在完全竞争情况下，价格由供求决定，当价格调节使供求相等时，消费者剩余和生产者剩余达到最大，它们之和表示的社会福利也达到最大，表明价格调节实现了资源配置的最优化。

8.1.4 信息不对称

我们在对各种经济活动的分析及对市场失灵的剖析中，都假设所有的消费者和所有的生产者都拥有完全信息。这意味着经济活动的参与者不仅知道自身的偏好、生产技术，而且对商品的价格、特性以及市场供求等因素具有完全的知识。然而，在现实经济活动中，存在着经济活动的某些当事人比别的当事人知道的信息更多，即存在信息不对称情况。例如，在要素市场上，雇员比雇主更了解自身的技术和生产能力；在商品市场上，卖方比买方更了解商品的质量和性能等。由于这些现象的存在，市场运行的结果有可能出现市场失灵。

随着信息在经济活动中的作用日渐突出，非对称信息(asymmetric informa-tion)也成为市场失灵的一个重要原因。下面就非对称信息导致的逆向选择、道德风险和委托-代理问题的市场失灵进行分析。

1. 逆向选择

次品市场与逆向选择是指在买卖双方信息不对称的情况下，差的商品总是将好的商品驱逐出市场。当交易双方的一方对交易可能出现的风险状况比另一方知道得更多时，就会出现逆向选择。次品市场就是一个信息不对称出现逆向选择市场失灵的例子。以旧车市场为例，在旧车市场中，总是次品充斥市场，美国经济学家阿克洛夫对这一情况作了理论分析。下面我们对这一模型作简要说明。在生活中我们会发现，旧车的价格要比新车的价格低得多，假定某人以 10 万元买了一辆新车，使用 6 个月后，在车辆运行良好时，出于与这辆车性能无关的原因，想卖掉它。这时，他在旧车市场上发现，这辆车最多只能卖到 7 万元。车主感到很痛心，不愿出售。这种情况的出现主要是由于在旧车市场上对旧车的质量存在非对称信息，即旧车的卖主对车的了解比旧车未来的买主多得多。假定旧车市场上有两种旧车，一种是高质量的，一种是低质量的。如果高质量车的市场价格是 9 万元，低质量车的市场价格是 5 万元，两种车的销售数量相同。在旧车市场上，我们假设质量是不可观察的，即卖主知道车的质量，而买主不知道车的质量。起初，买主可能会想到他们买到高质量车的概率是 50%，那么买主由于无法得知旧车质量，都认为是中等质量的。在这种情况下，每位买主对购车所愿意支付的价格为 7 万元。这时我们来看一下，哪一个卖主愿意以 7 万元出售他的旧车呢？当然是那些拥有低质量旧车的人。当消费者开始明白，在 7 万元的价格水平下，绝大多数都是低质量旧车时，他们所愿意支付的价格就会降低，价格的降低使旧车组合进一步向低质量转移。最终造成次品充斥市场，低质量车全部卖完。显然，因非对称信息而导致的旧车市场最终均衡从社会角度看是无效率的，使市场失灵。

2. 道德风险

道德风险(moral hazard)也称为败德行为、道德公害，是指个人在获得保险公司的保险后，降低防范意识而采用更冒险的行为，使发生风险的概率增大的动机。其产生的原因是非对称信息。道德风险会破坏市场的运作，严重的情况下会使某些市场难以建立。以汽车失窃险为例，在车主没有购买汽车失窃保险的情况下，车主通常会采取多种防范措施来防止汽车失窃。比如给汽车加防盗锁、安装警报器、停放在配有保安措施的停车场等，因此汽车失窃的概率较小。如果车主一旦向保险公司购买了汽车失窃保险，由于汽车失窃后由保险公司负责赔偿，个人有可能不再采取防范措施，从而导致汽车失窃的概率增大。

3. 委托-代理问题

所谓委托-代理问题是指由于委托人不能确切了解代理人的行为，代理人可能追求他们自己的目标，而以牺牲委托人的利益为代价。代理人是行为人，而委托人是受行为影响的一方。比如企业内部就存在委托-代理问题，企业所有者是委托人，企业雇员，包括经理和工人都是代理人。委托人利润最大化的目标并非就是代理人的目标，代理人都有自己的目标。比如经理可能追求企业规模的扩大和自身收入的提高，工人有可能追求工资收入的最大化，或者在收入水平一定情况下，追求闲暇最大化。如果经理和工人的努力程度是可以观察和监督的，那么企业所有者可以采取一些措施制裁工人或经理的不努力行为。但是实际上，不管是工人还是经理，其努力程度都是难以观察的，而且如果想要加以监督，其成本很大。企业所有者不可能时时刻刻监督经理或工人的行为，也不可能知道他们是否百分之百地努力工作，只有经理和工人他们自己知道工作的努力程度。这也就是说企业所有者与经理、工人所拥有的信息是不对称的。这样由于企业所有者、经理、工人的目标不同，并且所掌握的信息又不对称，就会产生委托-代理问题。在完全自由竞争市场条件下，厂商生产是以获取最大利润为目标的，在这里厂商是单一的抽象体，即我们前面所说的企业。

根据上述分析，我们知道厂商中存在委托人和代理人，他们的目标不同，必然使厂商生产偏离这一目标，其后果是社会资源达不到有效配置，从而出现市场失灵。市场上只要有就业存在，并且一个人的利益取决于另一个人的行为，就必然有委托-代理关系存在。由于委托人和代理人的目标不同，所掌握的信息又不对称，其结果必然是社会资源配置效率受损。可见委托-代理问题引起的市场失灵广泛存在于社会经济生活中。

8.2 政府的经济职能及政府失灵

8.2.1 政府的经济职能

在没有政府的经济运行中，市场调节机制要发挥作用必须要有特定的条件和环境。但由于现实的市场机制并不同时具有这些条件，因而市场机制本身并不能使资源配置效率达到帕累托最优，即所谓的市场失灵。除了前文所述的不完全性、外部性和公共物品导致市场失灵外，下面一些现象也会影响市场机制配置资源的效率：

① 个人自由与社会原则存在矛盾。首先，基于个人效用最大化原则的帕累托最优概念与社会收入公平原则不一定一致。效率与平等是市场无法自行解决的一对矛盾。其次，价值取向问题。个人价值取向与社会价值取向会产生矛盾，市场无法自行解决这类冲突。因为每个人根据自己的感觉估价福利，再加上帕累托最优的标准，只为做出福利判断提供了不恰当的、不充分的准则。即使得到充分的信息，消费者还是有可能做出低劣的决策。极端的例子如嗜好赌博者，尽管赌博带给嗜好者以极大效用，但这却不是社会所能赞同的。

② 现实中的经济运行不能满足完全竞争假定。市场存在独占、寡头垄断、垄断竞争、自然垄断与过度竞争，这几种情形都会引起社会效率损伤。

③ 某些领域不适用一般竞争均衡分析，尤其那些体现为规模效率递增的经济活动。例如"研究与开发"，这类经济活动所引起的垄断不仅不会导致效率损失，反而可以带来社会效用的递增。近年发展起来的"新"经济增长理论即认为与科学发明有关的专利制度给从事科学研究投资的企业带来垄断利润，这种垄断利润是企业不断进行科技开发的动力，而企业所从事的研究与开发也成为技术进步的动力进而成为经济增长的动力。

④ 完全市场假定不成立。"什么时候私人市场供应不了某些产品和劳务，就存在着我们称之为不完善的市场的市场失灵"。例如完全的风险保障市场不存在。完全竞争市场隐含一个假定，所有的信息都集中体现在价格之中，在价格是市场给定的这一前提下，这意味着价格是"公共信息"，也就意味着信息对所有的市场主体是完全的和对称的。信息的完全性保证了不存在不确定性，因此也就不存在风险。显然，这在现实生活中是不可能的。为此，阿罗证明，如果存在保险机制或保险市场的话，风险将在众多的市场主体之间分散，在此情况下，存在不确定性的市场也可实现帕累托效率的社会资源配置。但所有的经济学家都发现，即使存在保险机制，由于保险人与被保险人之间信息实际上是不对称的，这使风险的转移发生偏差，市场仍然不能保证实现帕累托最优。

⑤ 存在不完全均衡，资源不能被充分利用。如失业的广泛长期存在。同时，市场调节是在偶然的、自发的、相对的价格供求波动中实现的，具有强烈的盲目性和事后性。周期性危机和通货膨胀往往成为市场机制挥之不去的阴影。

此外，与信息不完全有关的风险还会使私人部门对某些领域的投资不足，而这些领域往往又是社会所急需的或有广阔发展前景的。这样，仅仅靠私人部门是不能达到社会效率最大化的。如许多现代尖端技术在实际应用的过程中都要依靠政府的投资或其他形式的支持。

市场的种种缺陷，使市场作为调节微观经济活动，实现资源有效配置机制的作用受到限制，这就需要通过非市场经济活动来补充市场的不足，校正市场的缺陷。相对于市场失灵，政府的经济管理职能包括以下一些内容：

① 产权保护，这是广义的、基本的政府职能。政府制定一系列构成体系的法律使得个人

与企业之间可以进行经济交易。虽然经济学家与哲学家都试图设想在没有政府的情况下生活会怎样，但假如没有法律来规定财产权，那么只有暴力才能制止人们的相互偷窃；假如政府没有能力保护私有财产，那么个人就不会有积累财富的积极性。这样，经济活动会被严重地限制。立法机构的职能远不只是保护财产，它保证了个人之间契约的生效，同时也对一些法律上成立的合同加以限制。政府的基本职能就是利用产权安排以消除外部性。

② 微观经济政策。对于西方国家来说，政府微观管理活动包括：其一，政府作为生产的直接参与者。一方面，政府直接创办企业或参股经营；另一方面，政府还通过对私有企业进行直接或间接的补贴来影响微观经济的运行。其二，政府利用其国家信用在金融市场上弥补私人资本的不足并为社会成员提供各种风险保险。其三，政府通过在市场上进行购买间接影响社会资源的配置，如提供公共物品。其四，政府通过制定针对微观经济运行的法律、法规和条例对微观经济活动进行管制，反垄断，维护竞争等。其五，政府通过价格补贴或发放补贴性贷款来支持某个产业或某个企业的生存和发展。

③ 维持宏观经济稳定和推动宏观经济增长。由于市场失效，资本主义国家的经济通常表现为频繁的经济波动，这种波动有时会给国民经济带来毁灭性的打击。谨慎地借助于财政和货币政策，政府可以影响产出、就业和通货膨胀。财政政策指政府收税和支出的能力，货币政策决定着货币的供给以及利息率。使用这两种基本的宏观政策工具，政府可以影响一个经济的总支出水平、增长率、产出水平、就业与失业率、价格水平和通胀率。通过采取宏观经济措施，政府可以达到"熨平"经济波动的目的，减少经济波动带来的损失。

④ 参与再分配，维持社会公平与社会稳定。前面提到，市场公平原则与社会公平原则是不同的。政府可以通过征收累进所得税、转移支付、公共补贴、收入增进计划和提供社会保险等方式参与再分配，以达到改善分配机制的目的。这个问题较多的是规范问题而不是实证问题，它不仅涉及经济学，更多的是涉及政治学。经济学不能回答诸如多大程度上的贫困是可接受的和是公平的这类问题，它能做的是帮助设计提高穷人收入的有效计划。

⑤ 在国际经济领域代表一个主权国家的经济利益。现代世界，国际经济交流和合作越来越频繁，国际贸易迅速扩大，各国金融市场日益融合，这意味着政府在国际经济舞台上所起的代表一国经济利益的关键作用越发突出。国家在国际交往中所起的作用可有以下几方面：其一，制定贸易政策。一国政府可以通过制定贸易政策来推动本国与其他国家之间贸易的发展，同时通过制定一些保护性政策和采取保护性措施以保护本国幼稚工业的发展。其二，参与国际组织，为世界范围内的经济增长做出贡献。其三，结合宏观经济管理目标，参与世界经济的协调。政府宏观经济管理部门可以借助于汇率的调节、公开市场业务和利率的变动等宏观管理工具影响贸易收支，甚至达到稳定世界经济的目的。其四，针对国际性的外部效应，与其他国家共同制定国际公约或协议以保护全球的整体利益，如保护生态环境、保护世界性自然资源等。

8.2.2 政府失灵

在市场不能有效运用、有效调节的社会经济活动中，政府的干预是否就必然是有效的，优于市场方式的呢？政府是否与市场方式一样，也有可能失灵呢？答案是肯定的。我们在运用政府替代市场以克服市场失灵时，已经隐含了如下假定：

① 政府代表多数人利益，因而政府行为比个人行为更体现社会利益或公共利益。

② 政府更明智，政府在理智上强于个人。

③ 政府的运作是高效率、低成本的。比如，市场公平原则与社会一般公平原则不一致，因而需要借助于政府的强制力量进行再分配，这隐含着政府的再分配合乎社会一般公平原则这样一个假定。

而凭什么说政府的再分配就是公平的呢，事实上，政府是一个具有特殊性质的社会组织机构，它在行使各种经济调节职能时，同样存在力不从心的地方。

① 政府对社会的经济管理在很大程度上是一种执行契约的行为。由于这种契约关系中的委托人具有特殊性质，其中所涉及的复杂信托关系对政府的运作会产生不利的影响。一方面，政府部门的工作效用难以确定和估计；另一方面，政府部门的支出来源于公共资金（如税收），这种资金缺乏明确的利益主体。政府官员的工作努力与合理的收入难以建立有机的、紧密的联系。政府部门在这方面的缺陷既影响了政府职员的积极性，又隐藏着“寻租”行为的可能，它所带来的是政府部门普遍存在的效率低下和政府官员的冷漠无情。

② 政府的一项重要职能是达成社会公平原则。这里牵涉到两个问题：其一，绝对的公平是没有的。“公平”的概念不仅因人而异，而且因环境、背景而异。一个简单的例子可以说明追求“绝对公平”的谬误。假如某个学生具有特殊的数学才能，那么，老师是否应该给他特殊的教学待遇呢？如果给他特殊待遇，则对其他学生而言就是不公平的；如果不给他特殊待遇，埋没了他的才能，对这个学生来说同样是不公平的。其二，“公平”与效率普遍存在冲突。

③ 政府的政策、决策是由人来制定和执行的；政府中的决策者一样受法律、习俗、激励等因素影响；政府行为、决策同样为信息不完全、不对称所约束；政治家与官僚们同样有自己的偏好，这些偏好引导着他们的行为，并时而与普通公民的利益相抵触。就政府所承担的委托—代理关系的复杂性来说，它意味着政府部门的信息不完全和信息不完备可能比私人部门更甚。

④ 政府与人民之间隐含的契约是不完整的、不对等的。契约的签订往往带有“具法律约束力的义务”。私人之间的契约由于附有这种义务使私人慑于法律可能的惩罚而必然履行契约，这是现代市场交易得以进行的基本保证。

因为现代市场交易中“现场”交易极少，而以远期交易为主，没有基本的履约的保证，交易是无法进行的。但政府是一个权利实体，它可以遵循契约，也可以不履行契约，甚至于重新修改或解释契约。这一方面为政府官员“寻租”制造了空间。另一方面，政府的经济权利过大可使交易萎缩，直接影响到经济的发展。政府既是一个经济实体又是一个政治权利机构，对私人具有法律约束力的契约义务对政府不一定具有约束力。即使政府加强自我约束，但由于政府机构的利益主体是模糊的，其责任主体也是不明确的，对违约进行惩罚的对象往往空置。

⑤ 政府从事实际的微观经济运作时所涉及的产权关系十分复杂。当然，可以通过复杂的制度安排将这种关系进行清晰的界定。问题在于产权关系与激励机制是密切不可分的。最简单的，公有企业的管理者只能获得工资收入，不能获得资产增益的收益，这极大地限制了管理者进行资产增益经营的积极性。这种缺陷不是公有企业所特有的。在私营企业，这种激励机制的缺乏也是同样存在的。从这一点以及上述第几点可以看到，把政府与市场看成两个互相替代物是多么错误。

⑥ 作为一个行为主体，政府有不可克服的弱点。政府最具垄断性，人们又无法比较政府效率。因此，不仅没有理由确信政府效率比市场高，普遍来说，由于其绝对的垄断性，政府效率往往低于市场效率。公共选择理论认为，政府有内在的不断膨胀的冲动。政府一般采用垂直的科层式管理模式，对各部门来说，只有不断膨胀本部门的规模才能获得更多的部门利益，恰如企业追求利润最大化，政府部门必然追求规模最大化。在委托人—代理人的链接越来越长时，由于信息不完全与信息不对称，委托人—公民—所面临的代理人—政府官僚的“道德风险”也就越来越大，代理人的寻租行为不仅无法避免并可能不断加剧，这一切都加剧了政府行为的社会成本负担。

⑦ 由于政府部门行为效率无法直接评估，对政府官员的评价一般只能从其错误中识别，因此，“逃避错误”便成为政府官员的行为准则，其结果是政府部门普遍存在短视、惰性和缺乏创新精神。

⑧ 保证多数人利益的所谓“多数人原则”是有疑问的。“阿罗不可能定律”或所谓“选举悖论”说明，任何情况下，完全代表每个人利益的“多数人原则”选举体系无法保证效率。因此，决策总得由少数人做出，稳定的再分配政策必然要牺牲一部分人的利益。

思考与自测

1. 公共物品有哪些特点？
2. 信息不对称是如何造成市场失灵的？
3. 外部性是如何影响资源配置的？
4. 什么是道德风险？
5. 政府能否替代市场以克服市场失灵？

第9章

国民收入决定

9.1 国民收入核算

对国民收入的分析主要是通过研究国民经济运行中各有关总量的决定及其变化，说明如何实现资源的充分利用，达到经济均衡状态的问题。

9.1.1 国民收入的核算

常用的国民收入核算方法是支出法和收入法。这两种方法的核算角度不同，但其核算结果是一致的，只是在实际核算中难免要有误差。

1. 支出法核算

用支出法核算 GNP（国民生产总值），就是把一年内全社会对最终产品和劳务的购买支出加总而得到 GNP。最终产品和劳务的购买者主要分四大类：居民、政府、企业和出口。支出法所核算的也就是来自这四方面的购买支出总和。居民购买就是居民个人消费支出（C），包括耐用消费品，如住房、汽车、冰箱等，以及非耐用消费品，如服务和医疗等。企业购买就是投资支出（I），这里购买的是“资本品”，包括厂房、设备、工具及存货（不属于中间产品）等。政府购买（G）是政府购买物品和劳务的支出，包括国防、基础建设、开办学校和医院、雇用各类员工等，但不包括政府转移支付。出口是来自国外的购买，这里指出口（X）和进口（M）的差额，即净出口（$X-M$）。因为出口表示收入从国外流入，而进口则表示收入流到国外。上述四项支出相加，即得到核算结果为：

$$GNP=C+I+G+(X-M)$$

2. 收入法核算

用收入法核算 GNP,就是用生产要素的收入,也就是企业的生产成本来进行核算,具体项目有:生产要素的报酬,包括工资、利息、租金等;非公司企业主收入,即自我使用要素所取得的收入;公司税前利润,包括所得税、社会保险、红利、未分配利润等;企业间接税与转移支付,这些项目将通过价格转移到消费者身上,计入成本;折旧,目前折旧费包括在总投资内。把上述各项相加,即得到核算结果为:

GNP=工资+利息+租金+利润+折旧+企业间接税和转移支付

9.1.2 有关收入的宏观总量

1. 国民生产总值

国民生产总值(GNP)是指一个国家(或地区)在一定时期内(通常是一年)所创造出的最终产品和劳务的市场价值总和,是综合反映一个国家经济发展总体水平的最主要的概念性指标。要把握好 GNP 这个重要概念,需注意下面几点:

① GNP 是“市场价值总和”。按定义所说,GNP 是按当年现期的市场价格进行核算的结果,并非“实际产出的价值”。价格因素的变动在其中起了一定的作用。因此,这时的 GNP 又称“名义 GNP”。例如:去年的产出量为 100 单位,市场价格为 10 元/单位;今年的产出量仍为 100 单位,但市场价格为 12 元/单位。于是去年的 GNP 为 1000,今年的 GNP 为 1200。但今年的实际产出并未比去年增加,只是在“名义上”增加了 200。

② GNP 是“最终产品”的价值总和。所谓最终产品,是指直接满足消费和出口之用的产品,是与“中间产品”相对应的一个概念。中间产品则是指用于再出售或再加工生产别类产品所用的产品。最终产品和中间产品的根本区别在于其购买的目的是用于消费还是用于出售或生产,而不在于产品本身的性质。例如,农民所生产的小麦,被市民(家庭)所购买,这部分小麦就是最终产品;而被面粉厂所购买,就属于中间产品。因此,在统计 GNP 时,就必须严格区分最终产品和中间产品。但这在实践中是很困难的。为了避免重复计算,常采用“增加值法”来统计 GNP。只统计各有关产品的增加值,即产品的销售收入与生产该产品的生产费用之差额。但不论用哪种方法,所得结果应是一致的。

③ GNP 是“流量”而非“存量”。所谓流量,是指一定时期内某种经济变量的量值。而存量,则是指其在某一时点上的量值。例如,某人的收入,它表示在一定时段内(一年或一月)所取得的收入量值,是一个流量。财产,则是个存量,表示该人在某一时刻所拥有的财富总量。

④ 自给自足的非市场性的交易项目及非生产性的项目没有计入 GNP。在现实中,这些经济活动是普遍存在的,但一般未计入 GNP 中去。一方面是这些项目的确较难统计,另一方面也确实被忽视了。不论如何,这些实实在在的经济活动在很大程度上增进了人们的生活水

平和福利,其价值是巨大的。非生产性交易主要是指政府及私人的转移支付和证券交易等。这些项目只是资金(货币)、证券的转移,并未出现产品交换,也就是没有出现最终产品的价值变化,因而不应计入 *GNP*。

⑤ *GNP* 仅仅表示一国产出总量,但不能显示具体产出的结构、质量、效率,以及相对应的人民生活水平。同样水平的 *GNP*,其背后可能是质次价高的产品与质优价廉的产品并存,大量积压的产品与供求平衡甚至供不应求的产品并存,以及工时、原材料、能源消耗的较大差异。另外,随着人们越来越重视自己的生存与发展环境,也更加关注 *GNP* 的"质量",而不仅是其数量和增长速度。因为,社会为 *GNP* 的增长付出了巨大的代价,如环境污染、生态环境恶化等。

2. 实际国民生产总值

前面说过,*GNP* 是按市场价格计算得出的"名义价值"。由于不同年份的价格差异,难以从 *GNP* 的量值来直接判断和比较产出的实际价值。为了更准确地反映实际产出的水平,统计中常采用实际国民生产总值(实际 *GNP*)的概念。

实际 *GNP*,就是排除了价格因素的 *GNP*。实际 *GNP* 与名义 *GNP* 的关系可以用一个较简单的公式来表示:

$$\text{实际}\,GNP=\text{名义}\,GNP/\text{价格指数}$$

式中,价格指数=本期价格/基期价格。这里的"本期"就是指所统计的年份,"基期"是指人为选定的要与之相比较的此前某一年份。因此,实际 *GNP* 也不是绝对的价值量,而是相对的,是相对于此前某一年份而言的,也就是以这一年的价格(即所谓不变价格)计算出来的。

3. 国内生产总值

国内生产总值(*GDP*)是指一个国家(或地区)在一定时间(通常也是一年)内在国家的领土范围内所生产的最终产品和劳务的市场价值总和。与 *GNP* 不同的是,*GDP* 的统计是以产品生产的国界为准,而不是以投资者所在国家为准。

GNP 和 *GDP* 之间的关系是:

$GDP=GNP-$本国居民在外国的产出和劳务$+$外国居民在本国的产出和劳务

例如,一个中国投资者在美国的产出,应记入中国(而不是美国)的 *GNP* 和记入美国(而不是中国)的 *GDP*。一个美国投资者在中国的产出,则应记入中国(而不是美国)的 *GDP* 和记入美国(而不是中国)的 *GNP*。

GNP 和 *GDP* 两个指标的比较可反映出一国资本输出和输入的情况: $GNP>GDP$ 时,显示资本输出较多;而 $GDP>GNP$ 时,则显示资本输出较多。

9.1.3 国民收入中五个总量间的关系

这里所说的五个总量是：国民生产总值、国民收入（NI，狭义的）、国民生产净值（NNP）、个人收入（PI）及个人可支配收入（PDI）。其中：个人收入是指个人一年内所实际得到的各种收入总和，包括劳动收入、业主收入、租金收入、利息收入、转移支付等；个人可支配收入是个人收入扣除各项税款后的部分，用于个人的消费和储蓄（其实是除去消费的部分）两大项。

五个总量间的关系为：

国民收入＝工资＋利润＋利息＋租金

国民生产净值＝国民收入＋间接税

国民生产总值＝国民生产净值＋折旧

个人收入＝国民收入－公司未分配利润－公司利润税－社会保险金＋政府转移支付

个人可支配收入＝个人收入－个人税＝个人消费＋个人储蓄（假设）

9.1.4 国民收入核算中的恒等关系

从支出法、收入法所算出的国民生产总值是一致的，说明国民经济中有一个基本的恒等关系。总支出代表了社会对最终产品的总需求，而总收入和总产量代表了社会对最终产品的供给。因此，在国民生产总值核算中有一个恒等关系：

总供给＝总需求

为简便分析起见，我们划分二部门、三部门、四部门来讨论其收入构成及恒等关系。

1. 二部门经济的收入构成与恒等关系

二部门经济指由居民户（消费者）和厂商（生产者）构成的封闭经济社会系统。在二部门经济中，不存在税收、政府支出以及国际贸易。

从支出角度看，由于将厂商库存的变动视为厂商存货投资，这样，所有的产出便不是用于消费，就是用于投资了。即国内生产总值等于消费加投资，即

$$Y=C+I$$

从总需求方面看，二部门经济的总需求等于消费需求加投资需求。

从收入角度看，私人部门所获得的总收入就是国内生产总值 Y，因为私人部门所获得的收入就是所生产的产品和劳务的价值。总收入的一部分用于消费，余下部分转为储蓄。从总供给方面看，二部门经济的国内生产总值构成为：

国内生产总值＝工资＋利息＋租金＋利润＝消费＋储蓄

在二部门经济中，总需求等于总供给，即

$$C+I=Y=C+S$$

这个恒等式强调，所生产的产出等于所售出的产出，所生产的产品的价值等于所获得的收入，并且所获得的收入接下来又被用于商品的支出或储蓄。对这恒等式稍改写一下，就有：

$$I=S$$

$I=S$ 就是"储蓄-投资"的恒等式。"储蓄-投资"的恒等式是基于国民收入会计角度反映经济活动事后的储蓄与投资恒等关系。这种恒等关系不是针对某一个人、厂商或部门而言的，而是指整个二部门经济存在着的"储蓄-投资"恒等关系。

2. 三部门经济的收入构成与恒等关系

三部门经济是在两部门经济的基础上引进政府部门后构成的封闭经济系统。在三部门经济中，政府的经济活动体现在：一方面，政府通过向居民和厂商征税形成政府收入 T；另一方面，政府采取购买商品和劳务，以及对居民和企业的转移支付等方式形成政府支出 G。于是，加入政府的经济活动后，三部门经济的收入构成如下：

从支出角度看，国内生产总值等于消费、投资以及政府支出总和，即：

$$Y=C+I+G$$

从总需求方面看，三部门经济的总需求等于消费需求、投资需求以及政府需求的总和。

从收入角度看，国内生产总值体现为所有者获得的收入总和，即工资、利息、租金和利润的总和。

在三部门经济实际运行中，居民的收入先纳税，税后收入用于消费，剩余部分转为储蓄。相对于政府而言，居民纳税交出了一部分收入；同时，政府的转移支付又使居民得到了一部分收入。税金扣除转移支付形成政府的纯收入，如果用 TA 代表政府税收收入，用 TR 代表政府的转移支付，则政府的纯收入 $T=TA-TR$，于是三部门国内生产总值为：

$$Y=C+S+T$$

从总供给方面看，三部门经济的国内生产总值构成为：

国内生产总值＝工资＋利息＋租金＋利润＋储蓄＋政府纯收入

在三部门经济中，总需求等于总供给，即

$$C+I+G=C+S+T$$

等式两边消 C，则有：

$$I+G=S+T$$

则：

$$I=S+(T-G)$$

这里 $T-G$ 代表了政府的储蓄。因为 T 是政府的净收入，G 是政府支出，两者差额即为政府储蓄。政府储蓄既可为正，也可为负，于是等式 $I=S+(T-G)$ 体现了三部门经济中储蓄（私人储蓄与政府储蓄的总和)与投资之间的恒等关系。

3. 四部门经济的收入构成与恒等关系

四部门经济是在三部门经济的基础上,加入国外部门后构成的开放经济系统。

从支出角度看,国内生产总值等于消费、投资、政府支出和净出口(NX)的总和,用公式表示为:

$$Y=C+I+G+NX$$

从收入角度看,国内生产总值可表示为:

$$Y=C+S+T=C+S+(TA-TR)$$

这里 C、S、$TA-TR$ 的含义与上述三部门经济相同。

在四部门经济中,总需求等于总供给。即

$$C+I+G+NX=C+S+TA-TR$$

公式两边消去 C,有:

$$I+G+NX=S+TA-TR$$

则:

$$S-I=(G+TR-TA)+NX$$

这里 $G+TR-TA$ 代表政府的预算赤字。($G+TR$)等于政府的总支出,它由政府对商品和劳务的购买 G 加政府的转移支付 TR 所构成。TA 是政府所得的税收量。($G+TR-TA$)是政府的支出对它的收入的超额量,或者是它的预算赤字。NX 是商品和劳务的净出口,是出口对净口的超额量,代表国外部门的收支。$S-I$ 代表私人部门的收支。于是由等式 $S-I=(G+TR-TA)+NX$,我们可以得出:私人储蓄对投资的超额量恒等于政府的预算赤字加对外贸易盈余。如果私人部门收支平衡,储蓄等于投资,则政府预算赤字必等于同量的贸易赤字,政府预算赤字(盈余)反映一个相等的对外收支赤字(盈余)。

9.2 简单的国民收入决定模型

9.2.1 总需求与均衡的国民收入决定

总需求是指一定时期在一定的价格水平下,全社会对产品和劳务的需求总量,用 AD 来表示。在两部门经济中,总需求由消费和投资两个部分构成。在简单的国民收入决定模型中,我们假设投资不变,仅仅考虑消费变动对总需求的影响,下面先分析消费函数及其相关的储蓄函数。

1. 消费函数

(1) 简单的国民收入决定模型的基本假设

① 经济中只存在两个部门——居民户和企业。

② 利率、工资和价格是固定不变的。

③ 投资水平既定。

④ 潜在的国民收入是固定不变的。

(2) 消费函数

消费函数是指消费支出与决定消费的各种因素之间的依存关系。影响消费的因素很多，但收入是最主要的因素，所以，消费函数一般以收入为自变量，反映收入和消费之间的依存关系。消费与收入之间的依存关系就是消费函数(con-sumption function)。如果以 C 代表消费，Y 代表收入，则消费函数可以表示为：

$$C=f(Y)$$

一般而言，在其他条件不变的情况下，消费随收入的变动而呈现同方向的变动，即收入增加、消费也增加，收入减少、消费也减少。但消费与收入并不一定按同一比例变动。

(3) 平均消费倾向和边际消费倾向

假定收入一定，消费的大小还取决于消费倾向的大小，消费与收入之间的关系，可以用平均消费倾向和边际消费倾向来说明。平均消费倾向 APC(Average Propensityto Consume)是指消费在收入中所占的比例。如果以 APC 表示平均消费倾向，则：

$$APC=C/Y$$

边际消费倾向 MPC(Marginal Propensityto Consume)是指消费增量在收入增量中所占的比例。如果以 MPC 表示边际消费倾向，ΔC 代表消费增量，以 ΔY 代表收入增量，则：

$$MPC=\Delta C/\Delta Y$$

(4) 消费曲线

消费曲线是表示消费数量和收入之间关系的一条曲线，如图 9－1 所示。

在图 9－1 中，随着收入的增加，消费逐渐增加，因而消费曲线是一条向右上方倾斜的曲线。同时，由于边际消费倾向递减规律的作用，随着收入的增加，消费增加的速度越来越慢，因而消费曲线随着收入的增加越来越趋于平坦。

在分析短期消费与收入的关系时，消费函数可以由线性消费函数表示为：

$$C=a+bY$$

在公式中，C 表示消费，Y 表示收入，a 和 b 都是常数。a 表示自发性消费或基本消费，即由人的基本需求决定的最必需的消费之和，它不受收入变动的影响，在短期内，即使没有收入也存在自发性消费；b 为边际消费倾向，b 和 Y 的乘积表示收入引致的消费。引致消费指收入引起的消费，它随着收入的增加而增加。$C=a+bY$ 的经济含义是：消费等于自发消费与引致消费之和。例如,若 $a=300$,$b=0.75$,则 $C=300+0.75Y$。这就是说,若收入增加一个单位,其中 70%用于消费。只要 Y 为已知,就可以计算出全部消费量。当收入和消费之间呈现线性关系时,消费函数就是一条向右上方倾斜的直线。消费函数上每一点的斜率都相等,并且大于 0 而小于 1。如图 9-2 所示。

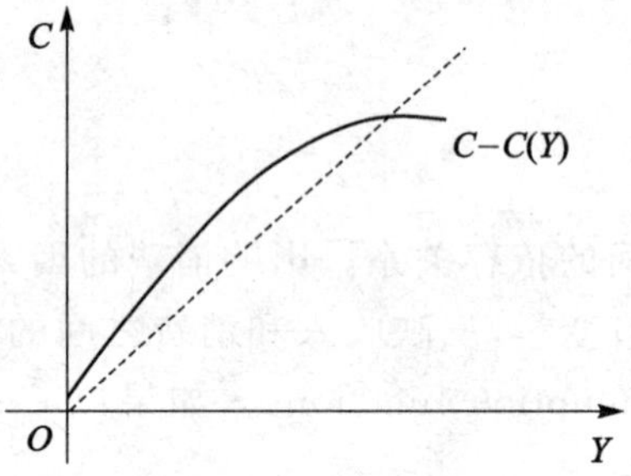

图 9-1 消费曲线

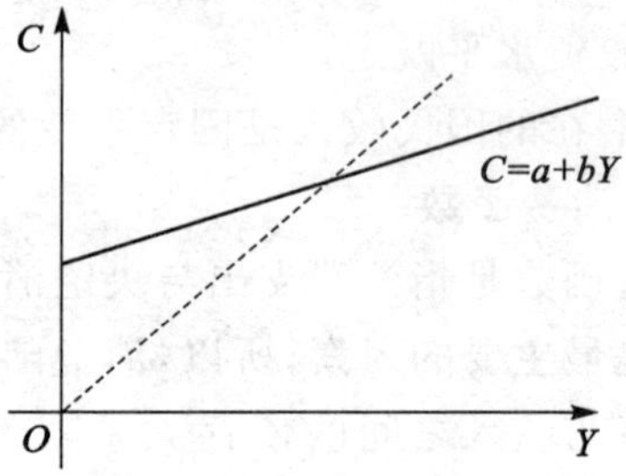

图 9-2 线性消费函数

2. 储蓄函数

(1) 储蓄函数

储蓄函数是指储蓄与决定储蓄大小的各种因素之间的依存关系。影响储蓄的因素很多,收入是最主要的因素,所以,储蓄函数主要反映收入与储蓄之间的依存关系。储蓄与收入之间的依存关系就是储蓄函数(saving function)。如果以 S 代表储蓄,Y 代表收入,则储蓄函数可以表示为:

$$S=f(Y)$$

一般而言,在其他条件不变的情况下,储蓄随收入的变动而同方向变动,即收入增加,储蓄增加,收入减少,储蓄减少。但储蓄与收入并不一定按同一比例变动。

(2) 平均储蓄倾向和边际储蓄倾向

假定收入一定,储蓄的大小还取决于储蓄倾向的大小,储蓄与收入之间的关系,还可以用平均储蓄倾向和边际储蓄倾向来说明。平均储蓄倾向 APS(Average Propensity to Saving)是指储蓄在收入中所占的比例。如果用 APS 表示平均储蓄倾向,用 S 表示储蓄,用 Y 表示收入,则:

$$APS=S/Y$$

边际储蓄倾向 MPS(Marginal Propensity to Saving)是指增加的收入中用于储蓄的比例。如果用 MPS 表示边际储蓄倾向,用 ΔS 代表储蓄增量,用 ΔY 代表收入增量,则:

$$MPS=\Delta S/\Delta Y$$

(3) 储蓄曲线

储蓄曲线是表示储蓄数量和收入之间关系的一条曲线。如图 9-3 所示,随着收入的增加，储蓄逐渐增加，因而储蓄曲线是一条向右上方倾斜的曲线。同时，随着收入的增加，储蓄增加的速度更快，因而储蓄曲线随着收入的增加越来越陡峭。

与消费函数相同的是，在分析短期储蓄与收入的关系时，储蓄函数也可以由线性储蓄函数表示为：

$$S=Y-C=Y-(a+bY)=-a+(1-b)Y$$

在公式中，$-a$ 是负储蓄，对应没有收入的自发消费，它不受收入变动的影响；$(1-b)$ 为边际储蓄倾向；$(1-b)Y$ 表示收入引致的储蓄，它随着收入的增加而增加。储蓄曲线如图 9－4 所示，E 为收支相抵，此时储蓄为零，即收入全部用于消费；E 的左边为负储蓄，表示收入小于消费；E 的右边为正储蓄，表示收入大于消费，且随着收入的增加而增加。

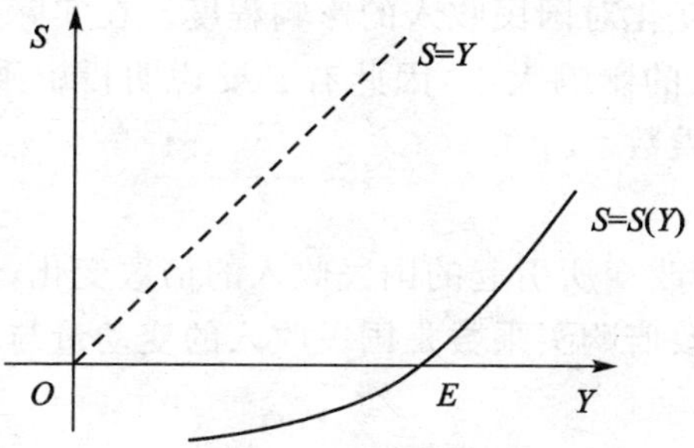

图 9－3　储蓄曲线

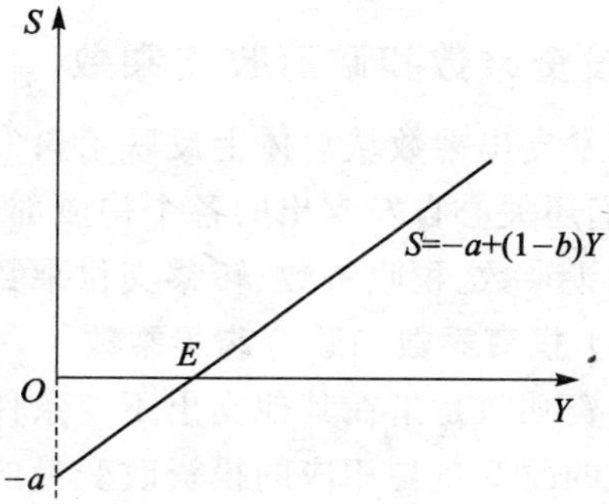

图 9－4　线性储蓄函数

3. 总需求与国民收入水平的变动

在两部门经济中，总需求 $AD=C+I$，假定投资不变，则上式可以写成 $AD=C+I=A+cY$，式中，A 为自主总需求。先不考虑总供给这一因素时，均衡的国民收入水平是有总需求决定的，因此，总需求的变动必然引起均衡的国民收入水平的变动。总需求水平的高低，决定了均衡的国民收入水平的大小。总需求的变动会引起均衡的国民收入同方向的变动，即总需求增加，均衡的国民收入增加，总需求较少，均衡的国民收入减少。

在既定的收入中，消费和储蓄是反向运动的，消费增加，储蓄减少，消费减少，储蓄增加。而消费是总需求的一个重要组成部分，储蓄增加使得消费减少，总需求减少，从而国民收入减少；反之，储蓄减少使消费增加，总需求增加，从而使国民收入增加。因此，储蓄的变动会引起国民收入反方向变动。这里应注意，这一结论仅仅适合于各种资源没有得到充分利用，从而总供给可以无限增加的情况。如果各种资源得到了充分利用，从而要考虑到总供给的限制时，这一结论就不合适了。

9.2.2 乘数理论

1. 自发支出乘数

自发支出，也被称为自主支出。在宏观经济学中，自发支出是指不受国民收入、利率和价格水平影响的支出。从三部门经济的均衡国民收入计算式中可以看出，自发支出 A 由自发消费 Ca、自发投资 Ia、政府购买 Ga、转移支付 TR 和政府税收 T 组成，即 $A=Ca+Ia+Ga+TR-T$。在凯恩斯看来，自发支出的改变能带来均衡国民收入成倍数的变化，其变化倍数的大小主要决定于边际消费倾向的高低，这就是凯恩斯的乘数原理。

2. 投资乘数和政府收支乘数

自发支出乘数从总体上反映了自发支出的总体变化对国民收入的影响程度。在实际生活中，我们还关心自发支出的各个构成部分对国民收入的影响大小，因此有必要说明投资乘数、政府购买乘数、税收乘数、转移支付乘数和平衡预算乘数。

(1) 投资乘数和政府购买乘数

投资乘数是指在其他支出不变条件下，自发投资改变所引起的国民收入的倍数变化，通常用收入的改变量与相应的投资改变量的比值表示。政府购买乘数是国民收入的变动量与政府购买变动的比率。

(2) 转移支付乘数和税收乘数

在经济学上，把一定量转移支付改变造成的国民收入成倍的变化称为转移支付乘数。相应地，一定数额的税收变化导致国民收入的倍数变化被称为税收乘数。

(3) 平衡预算乘数

在宏观经济分析中，平衡预算乘数也十分重要。平衡预算乘数指政府预算保持平衡的条件下，政府购买和税收等量变动引起的收入改变量与政府购买支出(或税收)的改变量之间的比率。在分别说明了政府购买乘数和税收乘数后，把二者结合起来分析是很有意义的。在实际生活中，政府的购买和税收都同时在发生改变。

乘数虽然具有按一定倍数增加或者减少国民收入的效应，但其作用的发挥要受到一定的现实条件的限制。首先，乘数起作用的前提条件是社会资源未得到充分利用，存在大量闲置不用的生产能力。如果在一国经济中不存在过剩的生产能力，那么投资的增加以及由此引起的消费支出的增加只会引起物价上涨。在发展中国家，主要问题是资本不足，生产设备缺乏。如果进行大量投资，生产设备很快就能达到充分使用的地步。这时如果商品供应量赶不上货币收入上升的速度，就会引起物价上涨的情况。其次，经济中不存在“瓶颈部门”或瓶颈约束程度很小。如果一国经济中存在瓶颈部门，那么势必降低或限制了各经济部门之间的关联性，势必影响各经济部门之间的连锁反应，从而限制乘数作用。

9.3　IS—LM 模型

简单的国民收入决定了在利率和投资不变的情况下，总需求如何决定均衡的国内生产总值。但在现实的经济社会中，利率和投资都是变动的，而且，其对总需求和国内生产总值的影响较大。在 IS—LM 模型中，I 表示投资，S 表示储蓄，L 表示货币需求，M 表示货币供给。这一模型主要分析在利率与投资变动的情况下，总需求对国民收入的决定，以及利率与国民收入之间的关系。

9.3.1　商品市场的均衡——IS 分析法

在凯恩斯宏观经济模型中，商品市场的均衡主要包括 3 个方程。

(1) 消费函数

$$C=C(Y)=\alpha+\beta Y$$

式中，C 是消费量，α 是自发消费，β 是边际消费倾向，β 和 Y 的乘积表示收入引致的消费。$C=C(Y)$ 表示消费是收入的增函数。相应的储蓄函数应是

$$S=Y-C=Y-(\alpha+\beta Y)$$

(2) 投资函数

$$I=I(r)=e-dr$$

式中，I 是投资量，e 是自主投资，d 是投资对利率变动的反应系数，它表示利率变动一定幅度时投资变动的程度。$I=I(r)$ 表示投资是利率的减函数。

(3) 商品市场的均衡条件

$$Y=C(Y)+I(r)=(\alpha+\beta Y)+(e-dr)$$

由于投资等于储蓄，即 $I=S$，而储蓄 $S=Y-C=Y-\alpha-\beta Y=-\alpha+(1-\beta)Y$，我们不难推出 $Y=\alpha+e-dr/1-\beta$ 或 $r=(\alpha+e)/d-(1-\beta)Y/d$

从这一等式可以看出，要使商品市场保持均衡，即投资等于储蓄，则均衡的国民收入与利率间存在着反方向变化的关系。由于 α、e、d 和 β 是作为参数进入公式的，其数值可由历史经验数据估出，所以在该公式中实际表示的是以利率作为自变量，收入作为因变量的函数关系式。如果以纵轴代表利率，以横轴代表收入，则可以得到一条反映利率和收入间反向关系的曲线。这条曲线上的任何一点都代表一定的利率和收入的组合，在这样的组合下，投资与储蓄都是相等的，即 $I=S$，从而商品市场是均衡的。故而，这条曲线称为 IS 曲线。

9.3.2 货币市场的均衡——*LM* 分析法

货币需求有三类动机，即交易动机、谨慎动机（或称预防性动机）和投机动机。前两类动机与收入有关，因此，如果用 L_1 表示交易动机和谨慎动机所产生的全部货币需求量，用 Y 表示收入，则这种货币需求量与收入的关系可表示为：

$$L_1=L_1(Y)\text{或}L_1=kY$$

式中，k 表示交易动机和谨慎动机与名义收入的比例关系，Y 代表具有不变购买力的实际收入。对于货币的投机需求，由于取决于利率，如果用 L_2 表示投机动机所产生的货币需求量，用 r 表示利率，则这种货币需求量与利率的关系可表示为：

$$L_2=L_2(r)\text{或}L_2=-hr$$

L_2 与 r 变动成反方向关系，h 表示利率变动一个百分点 L_2 的变动程度。因此，货币的总需求函数为：

$$L=L_1+L_2=L_1(Y)+L_2(r)=kY-hr$$

所以，货币市场的均衡包括 3 个方程。

(1) 货币需求函数

$$L=kY-hr$$

(2) 货币供给函数

$$M=M_0$$

M 表示名义货币供应量，在下面要提到的 m 指扣除物价因素的实际货币供应量。货币供应量一般来说由国家控制，是一个外生变量。

(3) 货币市场的均衡条件

$$M=L$$

由货币市场均衡的三个方程，我们不难得出，当实际货币供应量 m 给定时

$$Y=hr/k+m/k\text{或}r=kY/h-m/h$$

如果以纵坐标表示利率，横坐标表示收入，则可以得到一条关于利率与收入正向关系的曲线，在这条曲线上的任何一点都代表一定的利率与收入的组合。在这样的组合下，货币供给与需求相等，即货币市场是均衡的。这就是 *LM* 曲线。

9.3.3 商品市场与货币市场的同时均衡——*IS*-*LM* 分析法

从前面的分析中已经知道，在 *IS* 曲线上有一系列的利率与相应收入的组合可使商品市场均衡。但是，在商品市场上，要决定均衡收入，须先决定利率，否则投资水平无法决定，因此，收入的决定又依赖于货币市场。在 *LM* 曲线上，有一系列的利率与相应收入的组合可

使货币市场均衡。但是，在货币市场上，如果不先决定一个特定的收入水平，利率就无法确定，而收入水平又是在商品市场上决定的，因此，利率的决定又依赖于商品市场。总之，在商品市场上，收入依赖利率；在货币市场上，利率依赖收入。显然，只有将商品市场与货币市场结合起来，考察二者同时达到均衡时所决定的唯一利率和收入的均衡组合点，才能摆脱这一困境。对由 *IS* 曲线和 *LM* 曲线的交点所决定的均衡利率和收入，其数值可由求解 *IS* 和 *LM* 联立方程得到。

在以利率为纵坐标，收入为横坐标的图中，如图 9－5所示，R_0 与 Y_0 是 *IS* 曲线与 *LM* 曲线相交所决定的均衡利率与收入。*IS* 曲线与 *LM* 曲线把坐标平面分成 4 个区域，这 4 个区域都存在商品市场与货币市场的非均衡状态。区域Ⅰ和Ⅱ位于 *IS* 曲线的右上方，投资小于储蓄，有超额产品供给；区域Ⅲ和Ⅳ位于 *IS* 曲线的左下方，投资大于储蓄，有超额产品需求；区域Ⅰ和Ⅳ位于 *LM* 曲线的左上方，货币需求小于货币供给，有超额货币供给；区域Ⅱ和Ⅲ位于 *LM* 曲线的右下方，货币需求大于货币供给，有超额货币需求。各个区域中的各种不同组合的 *IS* 和 *LM* 非均衡状态，会得到调整。*IS* 的不均衡会导致收入的变动：投资大于储蓄会导致收入上升，投资小于储蓄会导致收入下降。*LM* 的不均衡会导致利率变动：货币需求大于货币供给会导致利率上升，货币需求小于货币供给会导致利率下降。这种调整最终会趋向均衡利率和收入。

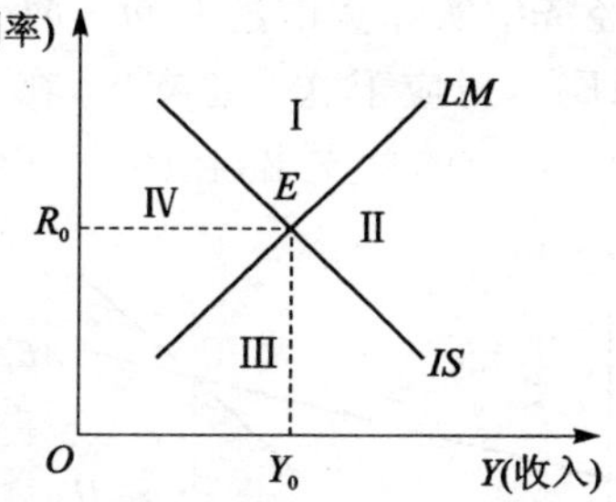

图 9－5 *IS* 曲线和 *LM* 曲线

9.4 总供给与总需求

9.4.1 总需求曲线

总需求曲线表示在一系列价格总水平下经济社会均衡的总支出水平，即总需求曲线表示经济中均衡的总支出量随着价格总水平变动而变动的轨迹。通常，总需求曲线也可以由总需求函数加以表示，记成 *AD*。以 *Y* 表示使得经济处于均衡的总支出 *AE* 的水平，*P* 表示价格总水平，则总需求函数可以表示为：

$$Y = AD(P)$$

一般说来，随着价格总水产的提高，总支出水平下降；反之，价格总水平降低，总支出水平提高，即经济中的总支出量与价格总水平之间成反方向变动。这说明，与单个商品的需求曲线一样，总需求曲线也是一条向下方倾斜的曲线。

由以上分析知道，价格总水平的变动对总支出水平产生反方向影响。这种影响关系可以由总支出与总收入的均衡分析推导出来。如图 9－6 所示，在每一价格水平上，经济中的消费支出取决于收入，而投资支出则取决于利息率。消费与投资所决定的均衡收入由收入与支出相等的均衡条件表示出来，如图 9－6(a)所示。在图 9－6(a)中，总支出曲线与 45°线的交点确定均衡的收入量。图 9－6(b)则表示价格总水平与使得收支相等的总支出水平之间的对应关系，即经济的总需求曲线。对应于图 9－6(b)中一个特定的价格，比如 P_1，在 M 既定的条件下，经济中实际货币量由 $m=M/P_1$ 表示出来。从而决定相应的消费支出和投资支出，如图中的 AE_1。对应于这一总支出，在 45°线上，经济中均衡的总支出水平为 Y_1，由此得到价格总水平 P_1，对应的总支出，在图 9－6(b)中得到总需求曲线上的一个点。

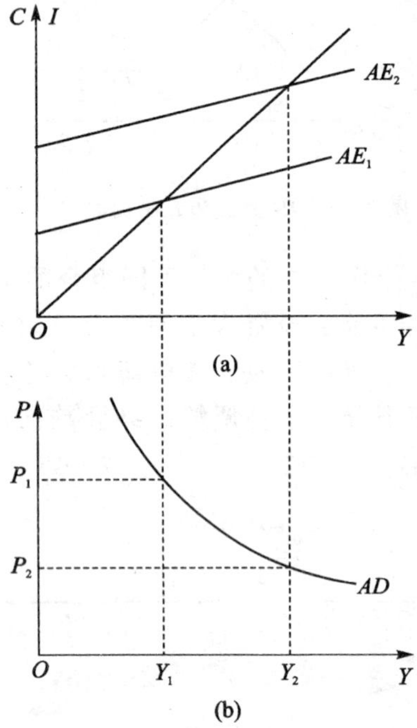

图 9－6　总需求曲线的推导

当价格总水平下降时，比如在图 9－6(b)中由 P_1 下降到 P_2，经济中的消费支出和投资支出都会增加，从而总支出曲线向上移动，如图 9－6(a)中的 AE_2。总支出曲线向上移动，均衡产出水平提高，如图中的 Y_2，由此得到价格总水平 P_2 对应的均衡总支出，从而得到图中总需求曲线上的又一个点。在图 9－6(b)中，把每一价格总水平所对应的横轴的产出水平描绘成一条曲线，即可以得到总需求曲线 AD。由于随着价格总水平的下降，消费和投资支出增加，因而总需求曲线是一条向右上方的曲线。由总需求曲线可以很容易地推广到包含政府部门在内的三图部门经济。在三部门经济中，总支出等于消费、投资与政府购买之和，由于政府购买可以认为是政府控制量，因而它是一个常数。这样，在每一收入水平上，消费、投资加政府购买将继续随着价格水平的提高而下降，因而包含政府的三部门经济的总需求曲线也是一条向右下方倾斜的曲线。

上面得到的总需求曲线可以很容易地推广到包含政府部门在内的三部门经济。在三部门经济中，总支出等于消费、投资与政府购买之和。由于政府购买可以认为是政府控制量，因而它是一个常数。这样，在每一收入水平上，消费、投资加政府购买将继续随着价格水平的提高而下降，因而包含政府的三部门经济的总需求曲线也是一条向右下方倾斜的曲线。其推导过程与图 9－6 给出的情况完全相同，只是其中的 AE 包含政府购买项而已。

9.4.2　总供给曲线

总供给曲线表示一系列价格总水平下经济提供的产出量，即总供给曲线表示经济中厂商总需求与总供给的分析意愿，并且能够供给的总产出量随价格变动而变动的轨迹。一般情况下，如果以 Y 表示经济中的总产出，P 表示价格总水平，则总供给函数 AS 可以表示为：

$$Y = AS(P)$$

由微观经济学的分析可以知道，在既定的生产技术水平下，厂商愿意并且能够供给的产品和劳务的数量取决于其产品的价格和支付给劳动和其他生产要素的成本。就宏观经济而言，对应于一个特定的价格总水平，经济中的总供给量是所有厂商在这一价格下愿意并且能够供给的商品和劳务的总和，它主要由劳动和其他要素的投入量及其相应的成本所决定。如果价格总水平的劳动影响厂商的实际成本，那么厂商就会改变生产商品的数量，并相应地调整使用生产要素的数量。因此，依照于要素价格相应于价格总水平做出的调整，总供给曲线又可以区分为短期总供给曲线和长期总供给曲线。

1. 短期总供给曲线

在短期内，一般认为，生产要素的价格特别是货币工资的调整滞后于价格总水平的变动，从而价格总水平的变动引起厂商供给量的变动，并最终导致经济社会中总供给量的变动。价格总水平影响总产出量的基本过程是：假定名义工资保持不变，则实际工资与一般价格总水平之间成反方向变动；实际工资的变动影响厂商计划生产的产量，进而影响劳动市场的供求；劳动市场上的就业量变动最终使得经济中的总产出发生改变。这相当于说，在厂商成本不变的条件下，价格总水平变动引起厂商供给量的变动。短期总供给曲线如图 9－7 所示。

2. 长期总供给曲线

上面分析的短期总供给曲线是在假设工资等固定不变的条件下得出的，但在长期中，随着价格总水平的变动，工资以及其他生产要素的价格必然会相应地进行调整。如果价格总水平与工资按相同的比率发生变动，那么厂商出售产品的价格和生产产品的成本相对没有发生变动，从而厂商就不会改变其生产数量，生产过程中投入的劳动数量也就不会发生变动。因此，长期供给曲线是一条垂直的直线，如图 9－8 所示。

长期总供给曲线说明，经济长期稳定在潜在的产出水平上，此时，价格变动对总供给量不会产生影响。

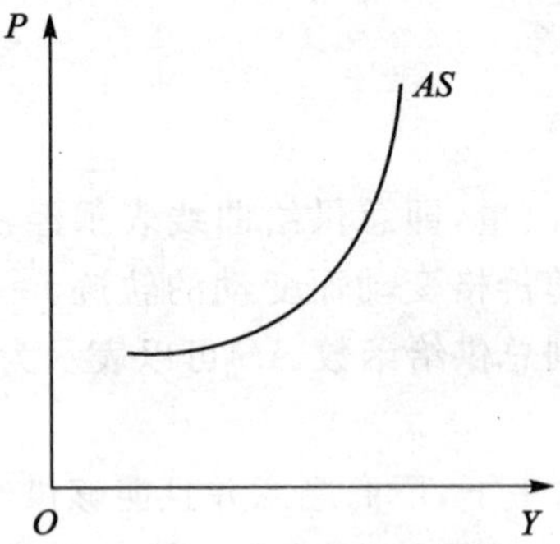

图 9-7　短期总供给曲线

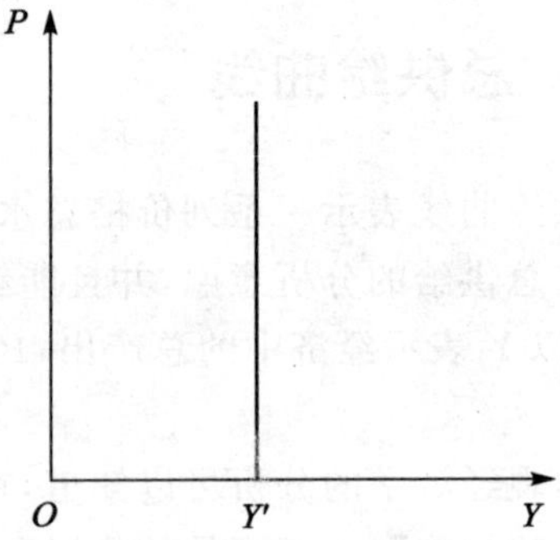

图 9-8　长期总供给曲线

9.4.3　总需求与总供给的均衡

之前分别说明了经济中的总需求曲线和总供给曲线。下面利用总需求曲线与总供给曲线的均衡说明均衡收入和价格总水平的决定。如图 9-9 所示，当总需求与总供给相等时，经济处于均衡状态。在图中，当总需求曲线 AD 与总供给曲线 AS 相交时，经济处于均衡。对应于均衡点 E，均衡的价格总水平为 P'，均衡国民收入为 Y'。若价格高于水平 P'，则总供给 AS 大于总需求 AD，即经济中生产的最终商品和劳务超过了现有价格水平下对商品和劳务的购买。这就使得厂商生产的产品价格开始下降，厂商减少生产。反之，若价格低于均衡水平 P'，则总需求 AD 大于总供给 AS，这将造成厂商已生产的产品价格上升，从而促使厂商增加生产。

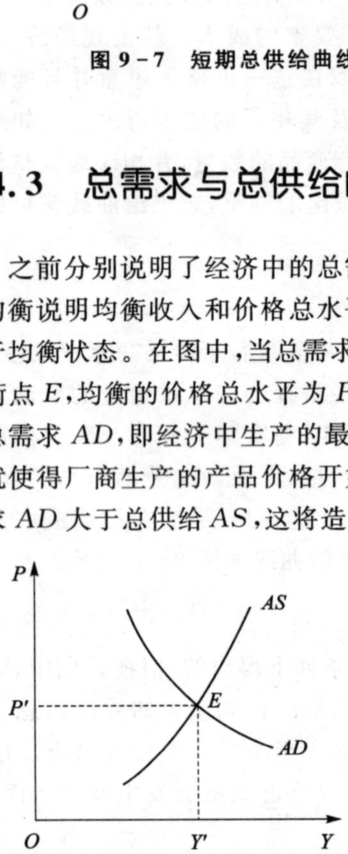

图 9-9　总需求与总供给均衡

因此，当价格偏离 P' 时，经济系统存在使价格趋向于 P' 的力量。在总供给等于总需求决定的均衡点 E 处，决定总需求的产品市场和货币市场，以及决定总供给的劳动市场同时处于均衡。此时，由产品和货币市场均衡决定的总需求恰好使得劳动市场均衡决定的就业量所生产出来的产品完全实现转化。

总之，总需求与总供给的均衡分析表明，资本主义经济短期内会出现不稳定，适当的经济政策可以起到稳定经济的作用，而在长期中，经济自身的调节使得经济达到充分就业状态。因此，西方经济学证明，辅之以政府的经济政策，资本主义经济不论是在短期还是在长期都可以处于充分就业的均衡状态。

思考与自测

1. 如何理解国民生产总值，它是如何核算的？

2. 国民收入中五个总量间有什么样的关系？

3. 二部门经济、三部门经济和四部门经济收入构成与恒等关系。

4. 消费函数与储蓄函数有什么关系，画图说明。

5. 乘数的作用是什么，列举并说明你所学习过的乘数。

6. 简述 *IS-LM* 模型。

7. 长期总供给曲线为什么是一条垂直于横轴的线。

8. 有时候一些西方经济学家断言，将一部分国民收入从富者转给贫者，将提高总收入水平，你判断他们的理由是什么？

第 10 章

失业与通货膨胀

10.1 失业的种类和影响

10.1.1 失业与充分就业

劳动是一个社会最基本、最重要的经济资源，劳动失业也就是社会最明显、最重要的资源闲置和浪费，故短期社会经济资源的利用程度通常以劳动就业或失业水平来反映。

1. 劳动就业和劳动失业

经济学把一个国家的全部人口区分为劳动适龄人口和非劳动适龄人口。劳动适龄人口主要是指符合政府有关劳动法令规定，可以参加工作的那部分人口。它主要由劳动力和非劳动力两部分构成：其中那些能参加工作而不寻找工作，或因求学、料理家务、衰老和残疾等无法参加工作的劳动适龄人口就属于非劳动力；除此之外，那些有工作或没有工作而正在积极寻找工作、有时间参加工作的劳动适龄人口被称为劳动力。

劳动力不外乎处于就业和失业两种状态。劳动就业是指劳动力被运用于生产过程并获得相应的工资或薪金收入的状态。在西方国家中，劳动就业既包括劳动力在私人部门的就业，也包括劳动力被政府部门有偿雇佣，如政府公务员、军事人员等。如果劳动力未被私人部门或政府部门有偿雇佣，即不能通过劳动获得工薪收入，就是劳动失业。显然，劳动失业是指那些可以马上工作而且正在积极寻求工作的劳动适龄人口，不能被有偿雇佣的状态。因此，下列几种情况并不是经济学意义上的失业者：

① 在农业、建筑业和旅游业中因季节变换而暂时失去职位的劳动者，因为他们并不寻找工作；

② 在校读书的学生，他们并不积极寻找工作，而且因求学也不能马上参加工作；

③ 因年老、伤残和疾病丧失生产劳动能力的人。

2. 失业的测量

一个社会在一定时期的失业状况，通常采用失业率、失业持续时间、雇佣率和离职率等指标来测量。

失业率是用来反映社会失业程度最常用的指标。所谓失业率就是指失业人口占劳动力的比率。劳动力为就业人口和失业人口之和，所以失业率可以表示为：

$$失业率=\frac{失业人口}{就业人口+失业人口}$$

除失业率外，失业持续时间指失业者连续失业的时间。用这一指标可以反映劳动力流动情况或失业变动情况。在失业率既定的情况下，失业持续时间越短，说明劳动力流动越大。雇佣率是指在一定时期（如某一个月或一个季度）内增雇的职工人数在就业总人数中所占的比重，它表明了就业增长或失业减少的情况。离职率是指在一定时期内退职、解雇以及退休的总人口在就业人口中所占的比率。劳动力流动性越大，雇佣率和离职率就越高。

10.1.2　失业的原因和类型

造成失业的原因相当复杂，经济学对失业的分类也多种多样。不过，根据失业的成因，它通常被分为摩擦性失业、结构性失业和周期性失业三种。

1. 摩擦性失业

摩擦性失业是指在劳动力正常流动过程中所产生的失业。年轻人或毕业生开始寻求工作的过程、妇女走出家庭重新进入劳动力市场的过程、人们出于某种合理的原因（比如厌倦）放弃原有工作或被解雇并寻找新工作的过程，都是正常的劳动流动过程。无论是年轻人第一次寻找工作，还是妇女重新寻找工作，或者是合理的工作转换，都是要消耗一定时间的。因此，摩擦性失业会一直存在。摩擦性失业的大小，取决于劳动力流动性的大小和寻找工作所需的时间。劳动力流动量越大、流动越频繁、搜寻工作的时间越长，则摩擦性失业越大。劳动力流动性的大小在很大程度上是由社会的制度性因素和劳动力构成决定的。市场经济制度较少限制劳动力流动。年轻人想不断发现适合自己技能与兴趣的工作，因而较年长者更频繁地变换工作。寻找工作时间的长短主要取决于获取就业信息的难易和快慢，以及失业的代价和失业者承受这种代价的能力。信息不充分和不对称、购买信息的成本太高、失业的代价太低，以及失业者对这种代价的心理承受力和经济承受力越强，寻找工作的时间就越长，摩擦性失业就越大。

2. 结构性失业

顾名思义,结构性失业是指在经济结构的转换过程中,劳动力供给结构不能适应劳动力需求结构变化的要求,从而存在的失业。结构性失业不同于摩擦性失业:摩擦性失业属于短期失业,结构性失业多为长期性失业;摩擦性失业有些是自愿失业,而结构性失业则往往属于非自愿失业;劳动供需结构在摩擦性失业中是吻合的,而在结构性失业中是不相符的。尽管如此,在摩擦性失业和结构性失业中,劳动供求和经济总供求也是均衡的。

经济发展、技术进步、产业兴衰、地区开发、人口规模和构成的变化都会引起经济结构的变化,进而造成对劳动力的需求结构的变化。而劳动力供给结构的调整往往滞后于劳动力需求结构的变化,从而出现劳动力供求在职业、技能、产业、地区分布等方面的不一致,这就必然会产生职位空缺与失业同时存在。比如在汽车制造工人失业的同时,存在着计算机程序员工作的空缺;同样,可能在经济扩张地区存在虚位待人,而在经济衰退地区却有求职人潮;年长者可能发现自己难以掌握新的工作机会所必备的基本技能。

除了上述原因造成结构性失业外,不适当的政府政策也会影响经济结构,从而引起或加剧结构性失业。比如:抑制用机械代替劳动力的政策、对"夕阳产业"不适当的保护政策,阻止产业国际化和竞争性的政策等,即使在短期内能减少失业,从长期看也肯定会引起更大的结构性失业。

3. 周期性失业

生物存在固有生命节律,经济也存在波动周期。经济学把国民经济波动中因经济衰退而产生的失业称之为周期性失业。在经济衰退时期,国民产出下降,劳动就业减少,周期性失业扩大;在经济扩张时期,国民产出上升,劳动就业增加,周期性失业缩小。

周期性失业的典型特征就是经济的有效需求不足。劳动力的需求是一种引致需求。在经济波动过程中,当国民经济总需求或总产出下降时,对产品和劳务的需求也会减少,进而引起对劳动力需求的减少。如果在这种情况下又存在工资刚性,那么即使人们愿意接受现行的工资标准和工作条件,也仍然无法被有偿雇佣。因此,国民经济有效需求不足会导致周期性失业。显然,周期性失业是一种非自愿失业。

10.1.3 充分就业与失业成本

1. 自然失业率和充分就业

如前所述,摩擦性失业和结构性失业存在于劳动供求和社会总供求均衡状态中,而周期性失业存在时,社会经济总供求和劳动供求是失衡的。在西方经济学家眼中,市场均衡状态是一种自然稳定状态,因而他们把摩擦性失业和结构性失业统称为自然失业,经济处于自然失业状态时的失业率就叫自然失业率。

$$\text{自然失业率}=\frac{\text{摩擦性失业}+\text{结构性失业}}{\text{就业人口}+\text{失业人口}}$$

自然失业率是劳动力市场和商品市场处于均衡时的失业率，也是能够长期持续存在的最低失业率。如果实际失业率低于自然失业率，通货膨胀就会不断上升，政府迟早会被迫采取措施抑制通货膨胀，从而使失业率回升到自然失业率。如果实际失业率高于自然失业率，社会就存在周期性失业。随着反周期政策的运用，周期性失业逐渐缩小，失业率又回落到自然失业率。当实际失业率等于自然失业率时，价格、工资和通货膨胀率都是稳定的，失业率就稳定在自然失业率水平。正因为如此，自然失业率被认为是不致引起难以接受的通货膨胀的最低失业率。

在实际生活中，自然失业总是大于零的，而且会随劳动力结构、政府政策、经济结构转型等因素的改变而上升。比如 20 世纪 50 年代美国经济自然失业率为 4%左右，20 世纪 70 年代为 5%左右，20 世纪 80 年代为 6%左右。当社会经济中只存在摩擦性失业和结构性失业，而没有周期性失业，从而实际失业率等于自然失业率时，我们就说经济实现了充分就业。在充分就业时，经济的实际产出就被称为潜在产出或充分就业的产出。

2. 失业的成本

维持充分就业为人们所关注，其根本原因在于失业给各方面带来的巨大成本。对失业者个人和居民户而言，他们不能获得劳动收入，被迫在接受贫困和接受政府或私人施舍间进行难受的选择。可能他们不得不放弃计划中的休假，他们的孩子不得不捣碎大学梦，甚至他们不得不租住更便宜的住房。他们的自尊心和自信心受到打击，专业技能的提高和知识的积累无法实现，就连守时和责任心这样的基本工作态度也得不到培养。对社会经济来说，失业直接造成经济资源的浪费，造成实际国民产出的损失。劳动力是最重要的生产要素，而且本期的劳动力还不能移至下期使用。因此，本期失业者不仅是劳动资源的闲置，而且是劳动资源的永久性浪费。在劳动失业的同时，伴随着设备和厂房的大量闲置，就必然会降低实际国民产出。美国经济学家奥肯研究后发现，实际失业率超过自然失业率 1%，实际国民产出就会低于潜在国民产出 2.5%。这个关系被称为奥肯定律。对社会和政治而言，失业的成本也相当巨大。失业会给人们心理上造成巨大创伤，引致悲观失望、厌世轻生。高失业时期，往往伴随高犯罪率、高离婚率和其他社会骚乱，甚至危及社会和政治稳定。虽然失业保险制度在一定程度上缓解了失业的社会影响，但它远远不能抵消失业的成本。

10.2 通货膨胀理论

10.2.1 通货膨胀的含义与分类

1. 通货膨胀

(1) 通货膨胀的含义

经济学界对通货膨胀的解释并不完全一致,比较普遍接受的定义是:通货膨胀(inflation)是物价水平普遍而持续的上升。通货膨胀的发生,包括两层含义:

① 通货膨胀的物价上升,指的是物价水平的上升,并且是就整个社会范围而言的,而不是某几种商品的价格上升,如果只是某几种商品价格上升,不能算作是通货膨胀。

② 通货膨胀的发生,说明物价水平上升持续了一定时期,而不是在个别时间点或个别时间段内发生,如果只是个别时间范围内发生的价格上升,不能算作是通货膨胀。

(2) 通货膨胀的衡量

经济学上常用物价指数(priceIndex)来衡量一个国家是否发生了通货膨胀。

物价指数是衡量商品价格报告期与基期相比综合变动程度的指标。常用物价指数主要有三个:国民生产总值折算数、消费物价指数和批发物价指数。

① GNP 折算数是衡量各个时期一切商品与劳务价格变动的指标。用 GNP 折算数衡量通货膨胀的计算方法是:

$$\text{GNP 折算数}=\frac{\text{名义 GNP}}{\text{实际 GNP}}\times 100\%$$

计算结果减 1 就是通货膨胀率,也可以看作是剔除了物价上涨因素的价格指数。由于 GNP 的统计范围较广,包括所有的商品和劳务,所以用这种方法衡量通货膨胀率往往会出现高估,而衡量通货紧缩指数时又会出现低估的现象。

② 消费价格指数 CPI(Consumption Price Index)又称为零售物价指数或生活费用指数,它是用来衡量各个时期居民个人消费的商品和劳务零售价格变化的指标。它既可作为通货膨胀的测定指标,又可作为工资、津贴调整的依据。

③ 批发物价指数 WPI(Wholesale Price Index)是衡量各个时期生产资料(即资本品)与消费资料(即消费品)批发价格变化的指标。它是指批发厂商购买各种商品的价格的平均变动幅度,反映了批发商品所支付的价格变动情况。

以上三种价格指数从不同的角度反映出通货膨胀率,其计算出的变动的趋势也是基本相同的。但由于各种指数所包括的范围不同,所以计算出的数值并不相同。在三种指数中,消费价格指数与人们的生活水平关系最为密切,因此,一般都用消费价格指数来衡量通货膨胀率。

2. 通货膨胀的分类

通常，人们根据通货膨胀的严重程度与特征，将其分为四种类型。

(1) 爬行的通货膨胀

爬行的通货膨胀(creeping inflation)，也称温和的通货膨胀，是指持续但以较低的物价水平上升。一般在两位数以下，上涨率不超过10%。这种通货膨胀是完全可以预期的。一些经济学家认为，在经济发展过程中，这种缓慢而逐步上升的价格对经济和收入的增长有积极的刺激作用。

(2) 加速的通货膨胀

加速的通货膨胀(trottingor galloping inflation)，也称为奔腾的通货膨胀、急剧的通货膨胀。其特点是：通货膨胀率较高，高达两位数到三位数，年通货膨胀率为10%～100%，在发生这种通货膨胀时，人们对货币的信心产生动摇，经济社会产生动荡，所以这是一种较危险的通货膨胀。

(3) 超速的通货膨胀

超速的通货膨胀(hyper inflation)也称为恶性的通货膨胀。其特点为：通货膨胀率非常高(一般达到三位数以上)，而且完全失去控制。这种通货膨胀会引起金融体系完全崩溃，经济达到崩溃的境地，以至于出现政权的更迭。这种通货膨胀在经济发展史上是很少见的，通常发生于战争或社会大动乱之后。目前，公认的恶性通货膨胀在世界范围内只出现过3次。第一次发生在1923年的德国，当时第一次世界大战刚结束，德国的物价在一个月内上涨了2500%，一个马克的价值下降到战前的1/1012。第二次发生在1946年的匈牙利，第二次世界大战结束后，匈牙利的一个便哥价值只相当于战前的1/(828×1027)。第三次发生在中国，从1937年6月到1949年5月，伪法币的发行量增加了1445亿倍，同期物价指数上涨了36807亿倍。

(4) 受抑制的通货膨胀

受抑制的通货膨胀又称为隐蔽的通货膨胀。这种通货膨胀是指社会经济中存在着通货膨胀的压力或潜在的价格上升危机，但由于政府实施了严格的价格管制政策，使通货膨胀并没有真正发生。但是，一旦政府解除或放松价格管制措施，经济社会就会发生通货膨胀，所以这种通货膨胀并不是不存在，而是一种隐蔽的通货膨胀。前苏联解体后的俄罗斯人民，过去几十年都习惯了稳定价格，当1992年物价突然开放时，5年内价格上升1000倍。那种以传统方式保存财富的人是最不幸的，他们眼睁睁地看着自己的财富无论是现金还是银行储蓄，一夜间化为乌有，民众苦不堪言。

10.2.2 通货膨胀的原因

关于通货膨胀产生的原因，西方经济学家有多种解释，主要有需求拉上、成本推进和结构性通货膨胀理论等。

1. 需求拉上通货膨胀

需求拉上通货膨胀又称为超额需求通货膨胀，是指总需求超过总供给引起的一般物价水平的持续显著的上涨。简而言之是“过多的货币追逐过少的商品”。从图 10-1 中可看出，总供给曲线起初呈水平状，这表示总产量较低时，总需求的增加不会引起价格水平的上升。

当 AS 与 AD_1 相交于 E_1 后，若再增加总供给，就会遇到生产中的“瓶颈”，即由于劳动、原料、生产设备等的不足而使成本升高，引起价格上涨。当 AD 继续提高，AS 就会逐渐向右倾斜，价格也逐渐上升。AD_2 与 AS 的交点决定的价格水平为 P_2，总产量为 Y_2。当总产量达到最大时，即为充分就业的产量 Y_f。价格水平从 P_1 上涨到 P_2 和 P_3 的现象称为瓶颈式通货膨胀。再达到 Y_f 后，总需求继续增加，总供给也无法增加，因此，此时 AS 呈垂直状。从 P_3 到 P_4 就是需求拉上通货膨胀。

2. 成本推进通货膨胀

成本推进通货膨胀理论是从供给角度来解释通货膨胀，是指在没有超额需求的情况下，由于供给方面成本的提高引起的一般物价水平的持续和显著的上涨。一般认为，成本推进通货膨胀包括工资和利润推进两种类型的通货膨胀，这主要在于劳动市场和商品市场的不完全竞争所致。由于总需求既定，因此，变动只发生在供给方面。如图 10-2，当总供给曲线为 AS_1 时，与 AD 的交点 E_1 决定的总产量 Y_1，价格水平为 P_1。当由于成本提高总供给曲线移到 AS_2 时，与 AD 的交点 E_2 决定的总产量为 Y_2，价格水平为 P_2。此时，总产量继续下降，而价格水平却上升。当总供给曲线移到 AS_3 时，总产量进一步降到 Y_3，而价格水平进一步升到 P_3。

3. 结构性通货膨胀

西方经济学家认为，在没有需求拉上和成本推进的情况下，只是由于经济结构因素的变动，也会出现通货膨胀。结构性通货膨胀理论把通货膨胀归结于经济结构本身所具有的特点。西方经济学家认为，社会经济结构存在着生产率提高快的部门和生产率提高慢的部门，由于生产率提高快慢的不一样，因此，两个部门的工资增长快慢也应有所区别，生产率提高快的部门的工资理应增加得快一些。

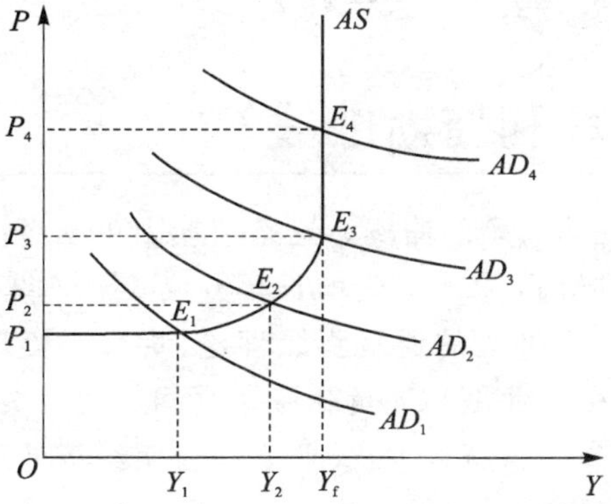

图 10－1 需求拉上通货膨胀

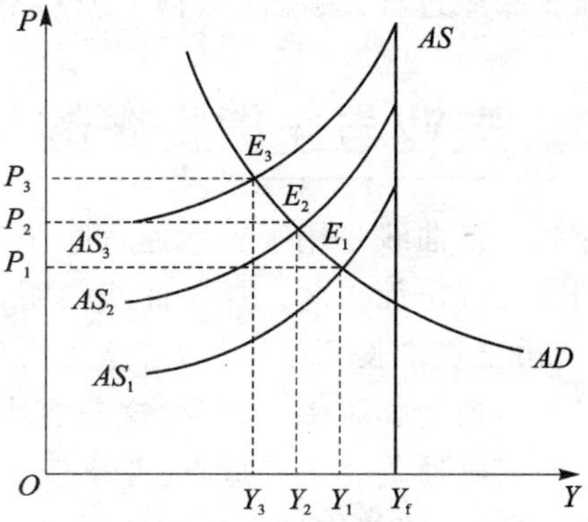

图 10－2 成本推进通货膨胀

10.2.3 通货膨胀对经济的影响

从历史上来看，通货膨胀留给人们的记忆更多的是痛苦。从居民、企业到政府，都无时不在小心地提防着通货膨胀。在以上对通货膨胀类型的分析中已经看到，实践中存在各种不同形态的通货膨胀，这些各不相同的通货膨胀，所产生的实际影响通常是不同的。而在不同的时期，表面看似同类的通货膨胀，其实际影响也会不尽相同。一般说，通货膨胀率越高，影响越大，未预期的通货膨胀或非平衡的通货膨胀的影响更大，平衡的且预期的通货膨胀，主要是对人们在心理上有影响，对经济则没有影响或影响极小。因此，对于通货膨胀所产生的实际影响，需要根据具体的通货膨胀类型来进行分析。这里主要分析对收入和财富分配的影响，而且主要是指未预期的通货膨胀。

① 通货膨胀有利于雇主而不利于雇员。由于未预期的通货膨胀，雇员的名义工资不能迅速相应地调整，因而，物价上涨使得其实际工资下降。而对雇主来说，这就意味着实际支出（成本）下降，从而利润得到增加。

② 通货膨胀有利于债务人而不利于债权人。这是因为，如果借、贷双方没有考虑到通货膨胀的影响，而以固定利率发生借贷关系，则通货膨胀一旦发生，实际利率就要下降。结果自然是债务人所付出的实际利息减少，因而得益。受损的就是债权人了。

③ 通货膨胀有利于实物资本持有者而不利于货币持有者。因为物价上升，使得实物（商品）资本的实际价值可以基本保持不变，持有者没有损失。而手中的货币却没有哪怕是名义上的升值，相反的还要贬值，即使存在银行里，因其实际利率的下降，也要蒙受一定的损失。

④ 通货膨胀有利于政府而不利于公众。因为未预期有通货膨胀，所以工资虽会有所增加（甚至是不增），但实际工资却难以保持原有水平（甚至是下降）。而名义收入的上升，却使得达到纳税起征点和更高税率者增多，从而使得政府的税收增加。如凯恩斯所言“通过一种持续不

断的通货膨胀过程，政府能够秘密地和不被察觉地没收其公民的大量财富”。

10.3 失业与通货膨胀的关系——菲利普斯曲线

菲利普斯曲线是用来表示通货膨胀率和失业率之间关系的曲线。这条曲线因英国经济学家菲利普斯提出而得名。这条曲线表明，当失业率下降时，货币工资增长率升高；当失业率上升时，货币工资增长率就降低，甚至成为负数。根据成本推动的通货膨胀理论，货币工资增长率可以表示通货膨胀率。因此，这条曲线又被用来表示失业率与通货膨胀率之间的交替关系，即失业率高则通货膨胀率低，失业率低则通货膨胀率高。这就是说，失业率高表明经济处于萧条阶段，这时工资与物价水平都较低，从而通货膨胀率也就低；反之，失业率低表明经济处于繁荣阶段，这时工资与物价水平都较高，从而通货膨胀率也就高。失业率与通货膨胀率之间存在反方向变动关系，是因为通货膨胀使实际工资下降，从而能刺激生产，增加劳动的需求，减少失业。这一变化关系可以用图 10－3 来表示。

在图 10－3 中，横轴 U 表示失业率，纵轴 P 表示通货膨胀率，ph 线为菲利普斯曲线。在 a 点上，失业率为 1%，通货膨胀率为 4%；在 b 点上，失业率增加为 2%，而通货膨胀率下降为 3%，这条曲线说明了失业率与通货膨胀率之间交替发展的关系。

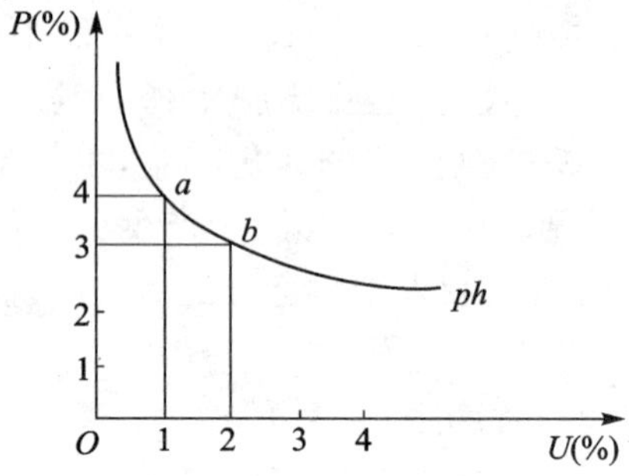

图 10－3 菲利普斯曲线

西方经济学家认为，菲利普斯曲线是进行需求管理时的一个很方便的政策工具。政府可以根据它所表明的失业率与通货膨胀率之间的关系来采用不同的经济政策。

菲利普斯曲线说明了几个重要的观点：

① 通货膨胀是由于工资成本推动所引起的，即成本推动通货膨胀理论。正是根据这一理论把货币工资增长率与通货膨胀率联系了起来。

② 提出通货膨胀与失业的交替关系。这就否定了凯恩斯关于失业与通货膨胀不会并存的观点。

③ 当失业率为自然失业率时，通货膨胀率为零。因此，也可以把自然失业率定义为通货膨胀率为零的失业率。

④ 可以运用扩张性宏观经济政策，以较高的通货膨胀率来换取较低的失业率；也可以运用紧缩性宏观经济政策，以较高的失业率来换取较低的通货膨胀率。菲利普斯曲线为宏观政策选择提供了理论依据。

菲利普斯曲线所反映的失业与通货膨胀之间的交替关系基本符合 20 世纪 50 年代～60 年代西方国家的实际情况。从 20 世纪 70 年代～90 年代初期，随着滞胀的不断发展，菲利普斯曲线所表明的失业与通货膨胀之间的关系发生了很大变化，失业与通货膨胀之间不存在这种交替关系了，于是对失业与通货膨胀之间的关系又有了新的解释。

思考与自测

1. 什么是失业，失业按其成因可分为哪几类？
2. 如何计算失业率和失业的成本？
3. 摩擦性失业是不是一种自愿性失业？为什么？
4. 什么是通货膨胀？形成通货膨胀的原因有哪些？
5. 通货膨胀对经济有何影响？
6. 简述菲利普斯曲线的经济含义，并画图。
7. 工资上涨会不会形成通货膨胀？

第 11 章

经济增长和经济周期

11.1 经济增长理论

宏观经济政策主要是通过影响总需求,来实现充分就业和物价稳定的目的。本章将研究如何增加总供给,使经济能够长期稳定地发展。其实从亚当·斯密开始,西方经济学家就在研究经济增长问题。但是,经济增长理论得到迅速发展,并成为宏观经济学的一个重要组成部分是在第二次世界大战以后。这首先是因为,战后的国际形势发生了重大变化,社会主义国家的兴起使经济增长成为维护资本主义制度的头等大事。正如美国经济学家多马所说:"现在对增长的关心并不是偶然的,它一方面由于过迟地认识到我们的经济要是没有增长就不可能达到充分就业;另一方面由于当前的国际冲突,使增长变成了生存的条件。"其次,西方学者认为,凯恩斯及其门徒通过政策来熨平资本主义经济波动的理论属于短期的范围。如果在短期中,资本主义成功地把国民经济维持在充分就业的水平,那么,它的国民经济的长期发展的远景将如何呢?西方学者认为,要想回答这一问题,西方经济学必须把凯恩斯的理论加以长期化和动态化。经济增长论就是凯恩斯理论长期化和动态化的结果。

11.1.1 经济增长的含义

经济增长通常是指一定时期内一国产出的增加。衡量指标一般是实际 GNP 或人均 GNP,尤其是后者。这里引用美国经济学家库兹涅茨的定义:"一个国家的经济增长,可以定义为向它的人民提供品种日益增多的经济物品这种能力的长期增长,而生产能力的增长所依靠的是技术的进步,以及这种改进所要求的制度上和意识形态上的调整。"

经济增长理论的研究对象是国民经济的长期发展问题。在不同的国家侧重点也有所不同,因而其理论分为两大部分内容。在发达国家主要是研究实现经济整体稳定增长的问题。

在发展中国家则更倾向于研究由不发达向发达状态过渡，实现工业化的问题。随着冷战的结束和国际形势、国际关系的变化，绝大多数国家已认识到当今世界上和平与发展这两大主题，注意力更多地转向经济发展方面。以美国为首的西方发达国家需要以较高的经济增长速度和质量来证明资本主义经济的优势，进一步取得主导世界经济的地位，以取得更多的利益。发展中国家需要以更高的经济增长速度和质量，尽快真正发展起来。因此，寻求经济发展的理论、模型、方法等，成为各国的共识，现实促进了经济增长理论的发展和应用。

经济增长理论所研究的中心内容就是：决定实际 GNP 较快增长的因素，理想的经济增长模式，以及如何实现增长。同西方经济学中的其他理论一样，经济增长理论也因研究者的不同学派、环境等因素，产生出许多不同的观点和学说，并存在着分歧和争论。但应该说，其目标还是一致的，只是理论和方法上的差异。从经济增长的涵义来说，体现经济增长的具体特点是：人均国民收入的年增长率是人口年增长率的三倍(库兹涅茨的统计分析结果)；技术进步对促进产量和生产率的提高起着最主要的作用；经济结构要不断变革调整以满足经济增长的要求；社会结构和意识形态也要相应改变以适应经济发展的需要；经济增长应是全球性的，但不同的国家和地区发展是不平衡的。

11.1.2　经济增长的因素

按照西方经济学家的看法，决定经济增长的因素主要有(可以分为)：生产要素的投入量，包括劳动(和企业家才能)、资本和土地三个生产要素；人力资源的数量，尤其是质量；生产要素生产率，即产量和投入量的比率(或平均投入要素所产出的产量)；以及社会、文化、政治等方面的一些因素。以下是几位经济学家对经济增长因素的分析。

1. 丹尼森的分析

丹尼森根据美国 1948～1981 年的实际统计数字，对经济增长因素作了系统的分析，结果显示：教育、科技等知识要素的作用，占了实际 GNP 增长总额的近 2/3，而资本投入的作用只占到实际 GNP 增长额的近 1/6。所以，在促进经济增长的诸多因素中，知识的进步是最重要的，而且是最显著的。知识进步包括技术知识进步和运用知识的速度及程度，也包括管理知识的进步，而且管理知识及其作用更加重要。因此，丹尼森认为，要实现经济持续增长，在增加投入、勤奋劳动、合理配置资源、优化经济结构与提高经济效率的同时，更要重视发展科学技术事业，推动科学技术和管理技术的研究与应用。就中国目前经济发展的实际来说，丹尼森的分析是有一定借鉴价值的，随着社会主义市场经济体制建设的深化，我们应该：

① 充分利用规模经济的优势，通过各种形式，促进企业间整合，提高专业化程度，合理扩大规模、降低成本，提高经济效率。丹尼森认为，在一定时期内，规模经济对经济发展的贡献率要大于资源配置改善的贡献。

② 最重要的是重视和发挥知识进步的作用，这是经济增长最主要的动力源泉。在充分认识“科学技术是第一生产力”的同时，更加重视“软科学”的研究与应用，就管理科学来说，不仅对经济增长有巨大直接贡献，对生产技术的应用和贡献也有重要的促进意义。应两者并重。

2. 库兹涅茨的分析

库兹涅茨的分析所得出的结论与丹尼森的分析基本上是一致的。库兹涅茨的分析把经济增长最重要的动因归功于知识技术进步。库兹涅茨认为：知识可以经过一系列的中间过程转化为现实生产力，是提高和发展生产力的关键，因而成为经济增长最主要的动力因素。对经济增长直接做出主要贡献的是不断提高劳动生产率，这也在很大程度上依赖于知识的进步。

同时，经济结构的变革与优化，社会制度与社会意识形态上相应的调整也很重要，而且它们可以为技术进步作用的实现提供相应的环境和保证。

11.1.3 经济增长模型

经济学对经济增长问题的研究始于 17 世纪亚当·斯密时代，但将其作为一个中心课题和特定的研究领域进行研究的现代经济增长理论，却是在 20 世纪 40 年代末才形成的。从那时以来，经济增长理论又得到了进一步的发展。研究经济增长，除了分析影响经济增长的各种因素外，重点是研究在长期的经济增长的动态过程中，实现稳定状态的均衡增长所需具备的条件，即建立和分析各种经济增长模型。

1. 哈罗德-多马经济增长模型

英国经济学家哈罗德和美国经济学家多马于 20 世纪 40 年代分别独立地提出了“动态的长期增长论”。哈罗德的理论观点及其所提出的增长模型见之于他 1939 年发表的《论动态理论》的论文和 1948 年出版的《动态经济学导论》一书中。由于多马在同时期所提出的增长模型与哈罗德增长模型含义相同，所以通常将他们的模型合称为哈罗德-多马经济增长模型。在这里主要介绍哈罗德模型。

(1) 哈罗德模型的假定前提

哈罗德-多马模型是基于凯恩斯的“储蓄等于投资”这一理论基础的，由此考察社会经济实现稳定的均衡增长即社会生产能按固定不变的增长率年复一年地均衡增长所需具备的条件。为了使分析的问题简单化，哈罗德-多马模型假定：

① 假定全社会生产的产品只有两种，除了用于个人消费的产品外，其余产品均为用于生产最终产品的资本品。

② 假定只有资本和劳动两种生产要素，并且两种生产要素之间不能互相替代，其可行的配合比例只有一种。

③ 相对于生产规模的报酬不变，即不管生产规模大小，单位产品成本不变，如资本和劳动

投入同时增加一倍，则产出也相应增加一倍。

④ 假定技术不变，即不存在技术进步。

(2) 哈罗德模型的基本公式

哈罗德从凯恩斯的储蓄-投资分析出发，在上述假定前提下，将有关的经济因素简化为三个动态的因素。

① 社会储蓄率(s)，即储蓄量占国民收入的比重。以 S 表示储蓄量，以 Y 表示国民收入，则：

$$s=\frac{S}{Y}$$

② 资本-产出比率或资本系数(V)，即资本与国民收入之比。以 K 表示资本存量，则：

$$V=\frac{K}{Y}$$

③ 有保证的经济增长率 G_ω。它是指在 s 与 V 既定的条件下，能够满足企业厂商期望的增长率，即能够使投资等于储蓄($I=S$)的经济增长率。为使经济增长，必须有新投资，即资本存量必须增加，如资本-产出比率不变，则资本存量的增长率必定等于产出量或国民收入的增长率，即：

$$\frac{\Delta K}{K}=\frac{I}{K}=\frac{\Delta Y}{Y}\text{或}\frac{\Delta Y}{Y}=\frac{I}{K}=\frac{I}{Y}\cdot\frac{Y}{K}$$

由于社会经济均衡的条件是储蓄等于投资，即 $I=S$，因此：

$$\frac{I}{Y}=\frac{S}{Y}$$

又由于$\frac{Y}{K}=\frac{1}{V}$，故：

$$G_\omega=\frac{I}{Y}\cdot\frac{Y}{K}=s\cdot\frac{1}{V}=\frac{s}{V}\text{或}G_\omega\cdot V=s$$

这就是哈罗德经济增长模型的基本公式。这个公式表明，要使经济长期稳定均衡地增长，则有保证的增长率(G_ω)必须达到由其所引致的投资恰好能吸收本期全部储蓄的程度。即人们所愿意进行的储蓄恰好等于投资者预期的投资需求。

(3) "刃锋式"的均衡和波动

哈罗德模型还用实际增长率、有保证的增长率和自然增长率三个范畴分析经济长期稳定增长的条件与波动的原因。有保证增长率已如前述。所谓实际增长率是指实际上实现的增长率，用 G_a 表示，它可以被看作是在储蓄率 s 给定的条件下，厂商实际进行的投资以及相应的有效需求所决定的增长率。因此，它主要取决于实际的资本—产出系数 V_t 和实际的储蓄(投资)率 s_t。其公式如下：

$$G_a=\frac{s_t}{V_t}$$

所谓自然增长率是在人口增长和技术进步允许的范围内所能达到的长期增长率，它反映人口与劳动力增长、技术进步、劳动生产率提高同经济增长的关系。其公式为：

$$G_n = \frac{s_n}{V_n}$$

其中，G_n 是自然增长率；s_n 是一定制度安排下最适宜的储蓄（投资）率；V_n 是预期的资本—产出比率，它体现着人口增长与技术进步的因素，表示在技术中性进步的条件下，现有的资本存量能够吸收全部劳动力，即实现充分就业。显然，在劳动与资本的配合比例和资本—产出比率给定的情况下，单位产出所需劳动是一定的，因此产出的增长率不可能超出劳动力的增长率。这样，自然增长率实际上是一个国家所能实现的最大的增长率。按照哈罗德模型，要使社会经济实现充分就业条件下的稳定增长，不仅需要每年的产出或收入、资本存量和投资都按一定的均衡增长率增长，而且需要使有保证的增长率、实际增长率和自然增长率完全相等，即：

$$G_\omega = G_a = G_n$$

在实际中，除了极偶然的巧合，它们三者是不可能同时相等的，因为它们各自取决于不同的因素。如果这三种增长率不一致，就会引起经济波动。

如前所述，哈罗德模型已假定 S 既是计划储蓄也是实际储蓄，二者总是能相等的，所以 $G_a > G_\omega$ 的结果是 $V_r > V$。V_r 是假定为不变的加速系数，所以 $V_r > V$ 就意味着预期的资本系数大于实际的资本系数，也就是计划的投资大于已实现的实际投资，结果必然使计划总需求大于实际总供给。实际供给不足会刺激计划投资进一步扩大，从而使 G_a 和 G_ω 的差距更趋扩大，使经济陷于积累性的经济扩张之中而不能自拔。如果 $G_\omega > G_a$，则情况正好相反。这意味着已实现的实际投资大于计划投资，实际供给大于计划需求，结果非意愿存货增加，订货减少，计划投资会进一步减少，从而使经济陷入积累性的收缩而不能自拔。如果 $G_\omega > G_n$，其结果与 $G_\omega > G_a$ 相同。因为 G_n 是最大可能的潜在增长率，经济增长率超过自然增长率，劳动力必然短缺，在资本系数固定不变的假定下，必会造成资本设备闲置，生产能力过剩，计划投资减少，造成经济积累性收缩。如果 $G_n > G_\omega$，则会造成与 $G_a > G_\omega$ 相同的结果。原因是劳动力过剩，工资会下降，利润会上升，投资受到刺激，实际投资小于计划投资，总供给小于总需求，将使经济积累性扩张，发生通货膨胀。

2. 新古典经济增长模型

(1) 新古典模型基本假定

新古典经济增长模型是由英国的索洛和斯旺于 20 世纪 50 年代建立起来的。他们认为按哈罗德-多马模型的假定所推导出来的“刃锋式”增长途径是极难实现的。但是只要让资本主义市场机制充分发挥作用以调整生产中资本-劳动配合比例，就有可能实现充分就业的稳定均衡增长。由于他们强调了凯恩斯革命以前的古典和新古典经济学充分就业的必然趋势，所以一般将其提出的增长模型称为新古典经济增长模型。新古典模型是从总量生产函数入手进行分析的。它假定：

① 只有资本和劳动两种要素，并且可以相互替代，因而资本-劳动的配合比例和资本产出比率是可以调整变化的。

② 经济经常保持自由竞争和充分就业状态，加之资本和劳动两种要素可以相互替代，工资率和利润率将分别与劳动和资本的边际生产率相等，因此社会资源都能得到充分利用，不存在资本和劳动的闲置问题。

(2) 新古典经济增长公式

根据新古典经济增长模型，经济的产出增长率基本上决定于资本、劳动力和技术知识增长的速率。用数学公式表示为：

$$Y=f(K,L,A)$$

式中，K 是资本存量，L 是劳动力，A 是技术知识增长指数。现在先假定没有技术进步，关系式可简化为：

$$Y=f(K,L)$$

如考察产出的增加量 ΔY，上式可写成：

$$\Delta Y=\Delta K\cdot MP_{K}+\Delta L\cdot MP_{L} \tag{11-1}$$

式(11－1)中 ΔK 为资本存量的增量，ΔL 为劳动增量，MP_{K} 和 MP_{L} 分别为资本和劳动的边际产出。

式(11－1)说明，产出的增加取决于资本和劳动的增加，以及资本和劳动的边际产出(或边际生产力)。在式(11－1)两边同除以 Y，则得到产出增长率公式：

$$\begin{aligned}\frac{\Delta Y}{Y}&=\frac{\Delta K\cdot MP_{K}}{Y}+\frac{\Delta L\cdot MP_{L}}{Y}\\&=\frac{\Delta K}{K}\cdot\frac{K\cdot MP_{K}}{Y}+\frac{\Delta L}{L}\cdot\frac{L\cdot MP_{L}}{Y}\end{aligned} \tag{11-2}$$

因为 $Y=K\cdot MP_{K}+L\cdot MP_{L}$，所以：

$$\frac{\Delta Y}{Y}=\frac{K\cdot MP_{K}}{Y}+\frac{L\cdot MP_{L}}{Y}=1$$

如以 b 表示资本 K 在总产量中的相对贡献(即产出弹性)，则劳动 L 的相对贡献为$(1-b)$，代入式(11－2)则得：

$$\frac{\Delta Y}{Y}=b\left(\frac{\Delta K}{K}\right)+(1-b)\frac{\Delta L}{L} \tag{11-3}$$

从式(11－3)可看出，产出或收入增长率取决于资本增长率、劳动增长率以及资本或劳动的产出弹性，即资本或劳动每增长 1%时，产出增长的百分数。式(11－3)表示了不存在技术进步的条件下总产量的增长率。如在式(11－3)两边各减去 $\Delta L/L$，则得：

$$\frac{\Delta Y}{Y}-\frac{\Delta L}{L}=b\left(\frac{\Delta K}{K}-\frac{\Delta L}{L}\right) \tag{11-4}$$

式(11－4)左端是总产量增长率减去劳动力增长率，也就大致等于平均每个工人的产量增长率

(或收入增长率)。如劳动力增长率与人口增长率相同,则式(11-4)表示人均产量增长率。式(11-4)的经济含义是:要使平均每个工人的产量增长率(或收入增长率)大于零,则总产量增长率 $\Delta Y/\Delta KY$、资本增长率 K 必须大于劳动力增长率 $\Delta L/L$。从分配的角度看,由于决定各要素收入的边际生产力递减,所以工资收入的增长必然大于利润的增长。

3. 技术进步与经济增长

技术进步包括科学技术的进步和管理方法的改进。技术进步能提高劳动和资本的边际生产力,即以同量的劳动和资本生产出更多的产品。如果生产一定量产品所需要的劳动-资本配合比例不变,则产量或收入会与劳动和资本同比例增长。如劳动-资本配合比例可变,那么当任一要素不断追加到另一不变要素时,则到一定点后会使其边际生产力递减,从而产出量相对于要素增加量递减。但由于技术进步能提高生产要素边际生产力,所以在技术进步条件下,劳动和资本在任何配合比例下的产出量都会较之前增加。如果技术进步使劳动和资本的边际生产力一同提高而其配合比例不变,则同量的资本和劳动将生产出更大的产品量,而且工资和利润在国民收入中所占的比重不变。这样的技术进步称为中性技术进步。如果技术进步使资本的边际生产力相对提高,则可用较少的劳动与较多的资本相配合,生产出更大的产品量,并使利润在国民收入中所占的比重上升。这样的技术进步称为节约劳动的技术进步。如前所述,哈罗德-多马经济增长模型假定生产技术不变、资本-产出比率不变、资本-劳动配合比例不变,所以经济如要按有保证的增长率增长,则劳动力增长率 $\Delta L/\Delta KL$ 要等于资本的增长率 K,即自然增长率 G_n 要等于有保证的增长率 G_ω,而这是极难实现的。现在假定有节约劳动的技术进步,使单位劳动与较多的资本相配合,其对产量或收入增长的作用相当于增加劳动数量。这样,当劳动增长率小于资本增长率,致使 $G_n<G_\omega$ 时,由于节约劳动的技术进步相当于提高了劳动增长率或 G_n,从而会使 $G_n=G_\omega$。实际上这正是新古典增长模型所要表述的内容。新古典模型加入了技术进步的因素,而且将其视为独立于劳动和资本的一个重要因素。如用 $\Delta A/A$ 表示技术进步,则前述表示总产量增长率的式(11-3)可以写成:

$$\frac{\Delta Y}{Y}=\frac{\Delta A}{A}+b\left(\frac{\Delta K}{K}\right)+(1-b)\frac{\Delta L}{L} \tag{11-5}$$

式(11-5)表明总产量增长率取决于技术进步率和资本与劳动的增长率。同样,前述表示平均每个工人的产量增长率的式(11-4)可以写成:

$$\frac{\Delta Y}{Y}-\frac{\Delta L}{L}=\frac{\Delta A}{A}+b\left(\frac{\Delta K}{K}-\frac{\Delta L}{L}\right) \tag{11-6}$$

式(11-6)表明,平均每个工人的产量增长率取决于技术进步率以及资本存量增长率与劳动力增长率的差距。这样,要使平均每个工人的产量增长率(或收入增长率)大于零,资本存量增长率不需要一定大于劳动力增长率。在不同的技术进步情况下,资本存量增长率可以大于或等于甚至小于劳动力的增长率。

11.2 经济周期

11.2.1 经济周期的含义

经济周期是指资本主义国家总体经济沿着一定的发展趋势(潜在的 GNP 水平),所呈现出的一种规律性扩展和收缩交替进行的波动现象。这主要是发展速度和规模的波动性变化,具体表现在国民收入、工资率、就业率、利率、利润率等方面的变动。但这种规律性波动主要是趋势上的,而非简单的重复性波动,经济在总体上是“波动向上”的。

11.2.2 经济周期的阶段

一次完整的经济周期一般要连续经历繁荣、衰退、萧条和复苏 4 个阶段。

1. 繁荣阶段

繁荣阶段是经济扩张和持续增长达到高峰的阶段。经过了上一个周期复苏阶段的增长,社会有效需求继续增加,保持着投资、产出、利润水平和就业水平不断上升,价格也在同时上升着。但这不会影响生产者的利润和居民的实际收入,因为要素的价格也是上升的。但这种繁荣景象是难以长久保持下去的。当经济繁荣达到高峰后,需求增长将达到顶点。随着需求增长的停滞以及生产的受限制,经济就要从高峰下落了,从而进入衰退阶段。

2. 衰退阶段

衰退是指经济由繁荣的高峰向下跌落,是经济由繁荣转为萧条的过渡阶段。一旦经济开始收缩,由于乘数和加速数的作用,会产生一系列的连锁反应,使得经济加速下滑。在衰退阶段,投资减少、生产下降、失业增加、有效需求和收入水平均在下滑,从而导致需求和生产的进一步下降。整个社会出现比较普遍的生产过剩,产品大量积压,企业利润急剧下降,开始出现关门甚至是倒闭者。持续的衰退最终将使经济陷入萧条中。

3. 萧条阶段

萧条是经济不景气的低谷阶段,是衰退的继续和结果。但与衰退阶段不同的是,萧条阶段的经济活动水平整体上已远远低于长期的经济活动水平。社会经济继续萎缩,投资、有效需求、价格等都达到最低点,失业达到最高点。出现了更多关门或倒闭的企业。由于经济极度的不景气,人们对前途失掉信心,悲观情绪严重,投资者更是不愿冒险。而且,还会出现社会问题和不安定现象。只有等到存货下降到需要补充,资本也需要补偿时,投资需求开始增加,经济就将转入复苏了。

4. 复苏阶段

复苏是指经济由极度的不景气转入回升。经济到达谷底后，会稳定（停顿）下来。此时的物价低廉，社会流动资本充足。随着投资需求的增加，就业、收入和消费也在上升，企业的生产和利润也开始上升，经济走出谷底开始恢复。但在开始的调整阶段，增长速度不会很快。需要经过一定的时间和较为充分的恢复，才能达到一定的程度，转入下一个高涨阶段。复苏阶段是经济由萧条转达向繁荣的过渡阶段。

11.2.3 经济周期波动的原因

经济周期波动的原因有以下几个方面。

1. 乘数和加速数的交织作用

用乘数和加速数结合的作用解释经济周期波动的模型又称汉森-萨缪尔森模型。其理论要点是：投资是影响经济周期波动的主要因素，投资的增加通过乘数的作用会引起总收入或总供给的增加，而总收入或总供给的增加会引起消费的上升，消费的上升又会引起投资的再度上升，也就是引致投资的增加。引致投资增长的速度快于总收入或总供给的增加，因为引致投资取决于消费的变动。由于加速原理的作用，如果消费是以递增的速度增加，则将刺激引致投资以倍数增加，从而推动经济高速增长。如果消费停止增长，则引致投资为零，如果消费继续下降（即负增长），则引致投资将以同样比例下降，从而引发经济衰退。以上说明的就是：在投资—消费的变动过程中，由于乘数和加速数的共同作用，引发了经济不断的扩张和收缩，也就是经济周期波动。

2. 创新理论

这是经济学家熊波特的理论。他把经济周期波动归因于各种技术上的重大创造发明和创新。由于“创新”作用，使社会生产要素重新组合，产生新的更高水平的生产力，并引起社会投资活动大量增加，而且，这种“创新”现象不是连续的和均匀的，也有高潮和低潮，因此会导致经济的周期性波动。

3. 投资过度理论

投资过度理论认为，经济周期波动的根源是过度增加的投资。过量的投资引起资本品投资过度。而资本品需求的快速增加，使其价格上涨，又进一步刺激了投资，从而导致经济扩张和繁荣。但在资本品生产部门过快发展的同时，消费品生产部门并未有相应的发展和扩张，因此造成部门间发展不平衡，经济结构失调，并最终引起生产下降，经济衰退。

4. 消费不足理论

消费不足理论认为，衰退的根本原因是消费需求不足和储蓄过多。消费不足，会造成产品过剩、价格下跌、失业率上升，从而生产萎缩。消费不足和储蓄过多，又在很大程度上是收入分配上过于不均所造成的。穷人所得太少，支付能力不足；而富人所得过多，储蓄也就更多，两者相加，消费不足就显得严重了。

5. 货币信用理论

这种理论是把经济周期看作一种纯货币现象。它认为，经济周期波动是由于银行的货币供给与信用的波动所直接造成的。银行降低利率、放宽信贷、供给增加，就会引起投资增加，使得经济扩张和收入上升。反之，就会使得经济收缩和收入下降。

思考与自测

1. 什么是经济增长？
2. 哈罗德-多马模型的主要内容是什么？它的经济意义是什么？
3. 丹尼森认为影响经济增长的因素有哪些？
4. 为什么经济学家认为技术进步是经济增长的最重要因素？
5. 经济周期分哪几个阶段，各阶段有何特点？

第 12 章

宏观经济政策

12.1 宏观财政政策

12.1.1 政府也是局中人：税收和政府支出对经济活动的影响

宏观财政政策是政府运用政府支出和税收来调节总需求，从而达到充分就业与物价稳定的目的。这里的政府作为局中人，对经济活动有着重要的影响。但是以亚当·斯密为代表的古典经济学家却认为，政府应该作为经济活动的局外人，不应该插手经济活动。在古典经济学家看来，在完全竞争的前提下，由于价格、工资、利息率等经济杠杆可以自由伸缩来进行调节，即由于“看不见的手”的作用，可以使各种市场自行处于供求相等的均衡状态，总供给和总需求存在恒等的关系，因此整个经济社会的产量和收入经常处于充分就业的水平。政府想通过经济政策来改变总需求，不能对宏观经济运行产生任何实质性的后果，仅仅会使价格水平发生波动。所以他们认为“最好的政府是管得最少的政府”，政府最好作为局外人，不要干预任何经济活动。但是资本主义社会经济危机频繁地爆发和大量失业的存在，使古典宏观经济学理论体系发生了根本的动摇。1936 年，凯恩斯出版了《就业、利息和货币通论》。凯恩斯认为，市场机制的自发调节难以使充分就业时的社会总供给和社会总需求相等，必须要依靠政府的干预，因此他主张国家调节经济生活。政府积极地采取财政政策和货币政策，对社会总需求进行管理，以保证经济的稳定增长。当总需求不足时，经济萧条，应刺激投资、消费，增加总需求；当需求过旺时，通货膨胀，应限制、减少投资和消费，以减少总需求。

宏观财政政策在市场经济国家中的普遍使用，使得政府成为经济生活的局中人。政府通过政府支出和税收对宏观经济活动水平产生影响。宏观财政政策直接影响投资总量和消费总量，从而调节总需求和总供给，使之相适应。具体地说，政府支出对于国民收入是一种扩张性的力量，因此增加政府支出可以扩大总需求，增加国民收入；减少政府支出可以缩小总需求，减少国民收入。当然，政府支出对国民收入作用的大小还取决于政府投资乘数的大小。政府税收对于国民收入是一种收缩性力量，因此增加政府税收可以缩小总需求，减少国民收入；减少政府税收可以扩大总需求，增加国民收入。可见，通过变动政府支出和税收，可以影响总需求，从而影响就业和国民收入。

12.1.2　消除经济活动的“缺口”：财政政策的作用

由于一国短期内生产技术、资金设备的质量和数量、劳动力的质量与数量都是不变的，因此总供给在短期内变化不大，而总需求受收入、价格、利息率等因素的影响，总是在变化。在这种情况下，经济活动中总需求与总供给相等是偶然的现象，不相等才是常见的现象。如果一国经济中总需求小于总供给，则意味着有一部分产品卖不出去，现有的生产水平难以维持，于是企业便会降低产量，解雇工人，整个国家经济便会出现萧条，就会出现失业现象。若一国经济中总需求大于总供给，则意味着需求过旺，企业产品供不应求，企业便会增雇工人，扩大生产，整个国家经济便会出现经济过热，就会出现通货膨胀。为了消除经济活动中总需求和总供给之间的“缺口”，就需要政府出面运用财政政策来调节总需求。当总需求不足时，政府可以通过增加政府支出，减少税收以刺激总需求扩大，降低失业率。增加政府支出包括增加公共工程的开支，提高政府购买水平，增加转移支付，这样一方面直接增加了总需求，另一方面又刺激了私人消费与投资，间接增加了总需求。减少政府税收(包括免税与退税)也可以扩大总需求，这是因为减少个人税收可使个人有更多可支配收入，从而增加消费；减少企业税收可以刺激企业投资；减少间接税也会刺激消费与投资。当总需求过旺时，政府可以通过减少政府支出，增加税收，抑制总需求，从而扼制通货膨胀。减少政府开支包括减少公共工程开支，降低政府购买水平，减少转移支付，这样一方面直接减少了总需求，另一方面又抑制了私人消费与投资，间接减少了总需求。增加政府税收，可以减少个人和企业的可支配收入，从而起到抑制消费和投资的作用。一个国家通过财政政策，就可以有效地弥补经济活动中总需求和总供给之间的“缺口”，从而实现既无失业又无通货膨胀的经济的稳定增长。

12.1.3　逆经济风向而动：财政政策的特点

由于宏观财政政策在经济膨胀时期对之进行抑制，使经济不会过度膨胀而引起通货膨胀；在经济萧条时期对之进行刺激，使经济不会严重萧条而引起失业。因此，许多经济学家把财政政策称为逆经济风向而动的经济政策。在经济膨胀时期，由于社会总需求过旺，出现持续的物价上涨，这时政府若采用扩张性财政政策，就会火上浇油，引发严重的通货膨胀。因此政府只能逆经济风向而动，采取抑制总需求的紧缩性财政政策，这样才能控制和消除通货膨胀。在经济萧条时期，由于社会总需求不足，失业率不断上升，这时政府若采用紧缩性财政政策，就会引发更大面积的失业,还可能导致社会不稳定。因此政府只能逆经济风向而动,采取刺激总需求的扩张性财政政策,才能消除失业和经济萧条。

据说,1961 年当一个记者问肯尼迪总统为何主张减税时,肯尼迪回答:"为了刺激经济。难道你不记得你上的 101 号经济学(美国把一年级的经济学基础称为 101 号经济学)了吗?"肯尼迪的政策实际上是根据财政政策应该逆经济风向而动理论所做出的扩张性财政政策,他的目的是在经济萧条时期,增加总需求,以刺激生产和就业。而且肯尼迪提出的减税政策最终在 1964 年实施时,确实促进了国家走出萧条,进入一个高速增长的时期。因此,自从 1964 年减税政策成功以来,不少决策者都把逆经济风向而动财政政策作为控制总需求的工具。布什总统企图通过减税来加快美国从衰退中复苏。同样,克林顿总统 1993 年入主白宫时,他的第一批建议之一就是增加政府支出,以帮助美国经济更快地从刚刚经历的衰退中复苏。

12.2 财政政策

12.2.1 基本工具:内在稳定器和斟酌决定的财政政策

1. 内在稳定器

宏观财政政策本身的某些特点,使它们自身具有自动调节经济,促进经济稳定的功能。也就是说,当经济出现波动时,财政制度的内在稳定器就会自动发生作用,减轻以至消除经济波动。

所谓财政制度的内在稳定器或自动稳定器,是指政府收入和政府支出随经济波动而发生的自动变化。政府收入的自动变化主要是个人所得税和公司所得税的自动变化,政府支出的自动变化主要表现为政府失业救济金和各项政府福利支出的自动变化。

(1) 个人所得税

个人所得税的征收有一定的起征点和固定的税率,所以具有内在稳定器的作用。在经济萧条时期,由于经济衰退,失业人数增加,个人收入减少,符合纳税规定的人少了,政府税收会自动减少。而且在实行累进税的情况下,由于纳税人的收入进入较低的纳税档次,政府税收下降的幅度会超过收入下降的幅度。这样,政府税收的自动减少有助于抑制消费和投资的减少并维持总需求,抑制衰退进一步加剧。相反,在经济膨胀时期,由于经济高涨,就业人数增多,个人收入增加,符合纳税标准的人多了,政府税收会自动增加,而且在实行累进税的情况下,由于个人收入进入较高的纳税档次,政府税收增加幅度将快于收入增加的幅度。这样,政府税收的自动增加将有助于抑制消费与投资的增加和过度需求,降低通货膨胀,减轻经济波动。

(2) 公司所得税

公司所得税也同样有一定的起征点与固定的税率,所以是内在稳定器。在萧条时期,由于经济衰退，公司的利润减少了，符合纳税规定的公司少了，政府税收会自动减少，而且在实行累进税的情况下，由于公司收入进入了较低的纳税档次，政府税收下降幅度将超过收入下降的幅度，这样政府税收的自动减少，有助于抑制投资的减少和维持总需求。相反，在膨胀时期，由于经济高涨，公司收入增加了，符合纳税规定的公司多了，政府税收会自动增加，而且在实行累进税的情况下，由于公司收入进入了较高的纳税档次，政府税收增加幅度将快于收入增加幅度。这样，政府税收的自动增加，有助于抑制投资的增加和总需求的增加，从而降低了经济波动的程度。

(3) 失业救济金

失业救济金有一定的发放标准，它发放的多少主要取决于失业人数的多少。在经济萧条时期，失业人数增加，领取失业救济金的人数增多。失业救济金的增加就是转移支付的增加，这样有利于抑制消费的减少，有助于增加社会总需求，抑制经济衰退。相反，在经济膨胀时期，失业人数减少，领取失业救济金的人数减少，失业救济金的减少同样是转移支付的减少，这样有利于抑制消费的增加，有助于抑制过度需求，减轻通货膨胀。实际上，当美国 20 世纪 30 年代最早建立失业保险制度时，支持这种政策的经济学家支持的部分原因就是因为失业救济金是一种内在稳定器。

(4) 各种福利支出

政府各种福利开支都有一定的发放标准，它发放的多少取决于就业与收入状况。在经济萧条时期，就业减少，个人收入减少，符合接受福利支出的人增加了，从而作为转移支付之一的福利支出增加，抑制了个人消费的减少，有助于增加社会总需求。相反，在经济膨胀时期，就业增加，个人收入增加，符合接受福利支出的人减少了，从而作为转移支付之一的福利支出减少，抑制了个人消费的增加，有助于减轻通货膨胀。

此外，政府维持农产品价格的政策，实际上是保证农场主的可支配收入不低于一定水平，因此也是一种内在稳定器。在经济萧条时期，农产品价格下降，这时政府增加农产品的购买，就会增加农场主的收入，维持他们既定的收入与消费水平。在经济膨胀时期，农产品价格上升，政府抛出农产品，既可以抑制农场主收入与消费的增加，又可以稳定农产品价格，防止通货膨胀。财政制度的内在稳定器被认为是抑制经济波动的第一道防线，它们对经济波动起一定的减震作用，但不足以完全消除经济波动。在经济萧条时期，它们只能缓和经济衰退的程度，而不能改变经济衰退的总趋势；在经济膨胀时期，它们只能抑制过分的高涨，缓和通货膨胀的程度，而不能改变通货膨胀的总趋势。但是如果没有这些内在稳定器，物价和就业的波动也许要大得多。由于这个原因，许多经济学家反对宏观经济追求平衡预算。当经济萧条时，税收减少，政府支出增加，政府预算会出现赤字，如果政府追求平衡预算，政府就会被迫寻求在萧条中增加税收或削减支出的方法。换句话说，严格的平衡预算规则会取消我们现在政府收入和政府支出制度中固有的内在稳定器作用。除了财政政策内在稳定器之外，要消除经济波动，还必须依靠斟酌决定的财政政策和货币政策。

2. 斟酌决定的财政政策

斟酌决定的财政政策不像内在稳定器那样自动地发生作用，而是政府根据对经济形势的判断而主动采取的增加或减少政府支出、减少或增加政府收入的决策。斟酌决定的财政政策要逆经济风向而动。当总需求不足、失业持续增加的萧条时期，政府要实行扩张性财政政策，增加政府支出，降低税率，减少政府收入，刺激社会总需求以解决衰退和失业问题；相反，当总需求过旺、价格水平持续上涨的膨胀时期，政府要实行紧缩性财政政策，压缩政府支出，提高税率，增加政府收入，抑制社会总需求，以解决通货膨胀问题。这种交替使用的扩张性和紧缩性财政政策被称为斟酌决定的或补偿性财政政策。通过斟酌决定的财政政策即逆经济风向而动的行动，常常被叫做“经济微调”。例如，当失业率连续两三个月超过一定数值，或者国民生产总值增长率连续两三个月下降时，政府就要考虑采取扩张性的财政措施；反之，当一般价格水平上升幅度超过一定限度时，政府就要考虑采取紧缩性的财政措施。

12.2.2 财政政策不是灵丹妙药：财政政策的局限性

财政政策虽然可以消除或减轻经济萧条或通货膨胀，对实现充分就业和物价稳定有一定作用，但是在运用财政政策过程中，往往会遇到许多困难，使财政政策的作用受到局限。

① 某些财政政策的实施会遇到不同阶层与集团的反对。例如，增税会遇到公众的普遍反对，甚至会引起政治动乱；减少政府购买，尤其是减少政府军事支出，会引起大垄断资本家的反对；削减政府转移支付则会受到一般平民及同情者的反对。

② 财政政策作用后果存在不确定性，不一定能收到预期的效果。例如，虽然公众普遍欢迎减税，但在萧条时期人们不一定会把减税所增收入用于增加支出，反而出于对未来悲观的预期，会把减税所增加的收入转化为储蓄，政府转移支付的增加也会遇到同样的情况。

③ 任何财政政策产生作用都有一个“时滞”问题。因为任何一项措施，从方案的提出、议会与许多专门委员会的讨论、政府部门的研究、政府首脑的批准到最后的执行都有一个过程，这样在财政政策最终付诸实践时，经济形势可能已经发生意料不到的变化。

④ 预测技术的不完善和难以估计的影响总需求的各种因素，也使财政政策的作用受到局限。由于财政政策是逆经济风向而动，所以政府不仅要观察已经发生的事，而且还要明察秋毫，预见经济趋势，才能防患于未然。但是人类现有的预测技术还难以精确地预测经济变化，再加上人的心理预期，以及不同的偏好的影响，更使政府刺激总需求的财政政策难以发挥应有的作用。

⑤ 财政政策会引起挤出效应。即政府支出增加会引起私人消费或投资降低，从而大大削弱了或抵消了扩张性财政政策的效果。

此外，财政政策的实施还要受到政治因素的影响。例如在大选之前，无论经济形势如何，也不会执行增税和减少政府转移支付之类易引起选民不满的财政政策；在国际形势比较紧张时，无论经济形势如何，也不会减少政府的军事开支。所有这些都减小了财政政策应有的作用。

12.3　货币政策

货币政策是政府干预调节经济，进行需求管理时经常所采用的另一大宏观经济政策。所谓货币政策，是指中央银行通过管理货币供应量和利率来调整投资，以影响整个经济活动的政策。其目标和财政政策的目标一样，但它在宏观经济政策中的作用有一个不断加强的认识过程。起初，凯恩斯认为由于人们心理上对货币的偏好，利率的下降量有一定限度，所以依靠降低利率来刺激私人投资的货币政策是有限的，所以宏观经济政策的重点在于财政政策。20 世纪 60 年代以后，美国的凯恩斯主义经济学家强调货币政策同样重要，主张双管齐下，促进经济繁荣。在 70 年代后期，由于通货膨胀严重，西方各国又采用了货币主义经济学家所主张的控制货币供应量的政策。货币政策涉及货币、银行、利率等有关知识，我们首先应了解这些方面的基本理论。

12.3.1　货币供应量

现代经济学家们一般都把货币定义为：被人们普遍接受的作为交换媒介的东西。

货币供应量是指一国在一定时点上的货币总量。一个国家货币供应量如何计算，取决于该国把哪些东西定义为货币。在现代社会中，存在各种各样的货币形式，包括以下几种：

① 现金，包括纸币、硬币。

② 活期存款，即可以随时提现的存款。

③ 定期存款，即在一定时间以后才能提取的存款，但可通过预先通知银行，即可转化成活期存款或现金。

④ 近似货币，即具有一定货币价值并易于转换为现金的资产，如股票、债券等。

⑤ 货币替代物，即可在一定条件下执行货币交换职能的东西。如信用卡。

上述货币被区分为狭义的货币供应量和广义的货币供应量。狭义的货币供应量用 $M1$ 表示：$M1$＝①＋②；广义的货币供应量用 $M2$ 表示：$M2$＝$M1$＋③；还有更为广义的货币供应量用 $M3$ 表示：$M3$＝$M1$＋$M2$＋④＋⑤。上述 $M1$、$M2$ 和 $M3$ 就是西方国家所规定的货币供应量。但一般认为，$M1$ 是最重要的货币供应量。

12.3.2 货币政策工具

中央银行在调节货币供应量时，主要运用的政策工具有三个：公开市场业务、贴现政策和准备率政策。

1. 公开市场业务

公开市场业务就是中央银行在金融市场上买进或卖出有价证券。其中主要有国库券、其他联邦政府债券、联邦机构债券和银行承兑汇票。买进或卖出有价证券是为了调节货币供应量。买进有价证券实际上就是发行货币，从而增加货币供应量。卖出有价证券实际上就是回笼货币，从而减少货币供应量。公开市场业务是一种灵活而有效地调节货币量，进而影响利息率的工具，因此，它成为最重要的货币政策工具。

2. 调整贴现率

贴现是商业银行向中央银行贷款的方式。当商业银行资金不足时，可以用客户借款时提供的票据到中央银行要求再贴现，或者以政府证券或中央银行同意接受的其他“合格的证券”作为担保来贷款。再贴现与抵押贷款都称为贴现，目前以后一种方式为主。贴现的期限一般较短，为一天到两周。商业银行向中央银行进行这种贴现时所付的利息率就称为贴现率。贴现政策包括变动贴现率与贴现条件，其中最主要的是变动贴现率。中央银行降低贴现率或放松贴现条件，使商业银行得到更多的资金，这样就可以增加它对客户的放款，放款的增加又可以通过银创造货币的机制增加流通中的货币供应量，降低利息率。相反，中央银行提高贴现率或严格贴现条件，使商业银行资金短缺，这样就不得不减少对客户的放款或收回贷款，贷款的减少也可以通过银行创造货币的机制减少流通中的货币供应量，提高利息率。此外，贴现率作为官方利息率，它的变动也会影响到一般利息率水平，使一般利息率与之同方向变动。

3. 调整法定准备率

商业银行资金的主要来源是存款，为了应付存款客户随时取款的需要，确保银行的信誉与整个银行体系的稳定，银行不能把全部存款放出，必须将一定比例的存款金额作为准备存入中央银行或以现金形式存入自己的金库。这个由中央银行以法律形式规定的商业银行在所吸收存款中必须保持的准备金的比率被称为法定准备率。商业银行在吸收存款后，必须按法定准备率保留准备金，其余的部分才可以作为贷款放出。例如，如果法定准备率为20%，商业银行吸收存款100万元，那么就要留20万元准备金，其余80万元可作为贷款放出。中央银行变动准备率则可以通过对准备金的影响来调节货币供应量。假定商业银行的准备率正好达到了法定要求，这时，中央银行降低准备率就会使商业银行产生超额准备金，这部分超额准备金可以作为贷款放出，从而又通过银行创造货币的机制增加货币供应量，降低利息率。相反，中央银行提高准备率就会使商业银行原有的准备金低于法定要求，于是商业银行不得不收回贷款，从而又通过银行创造货币的机制减少货币供应量，提高利息率。

除了以上三种主要的工具外，货币政策还有几项次要的工具：

① 道义上的劝告，即中央银行对商业银行的贷款和投资业务进行指导，要求商业银行采取与其一致的作法。这种劝告没有法律上的约束力，但也能起作用。

② 垫头规定，即购买有价证券必须付出的现金比例。

③ 利息率上限，即规定商业银行和其他储蓄机构对定期存款和储蓄存款的利息率上限。

④ 控制分期付款与抵押贷款条件。

12.3.3 货币政策的运用及局限性

在不同的经济形势下，中央银行要运用不同的货币政策来调节经济。在经济萧条时期，总需求小于总供给，为了刺激总需求，就要运用扩张性的货币政策，包括在公开市场买进有价证券，降低贴现并放松贴现条件，降低准备率等。其作用是扩大货币供应量，降低利率，刺激总需求。这又称为“放松”银根。但是扩张性货币政策在实践中存在着局限性。

① 实施各种扩张性措施是为了使货币供应量增加，利率下降。而利率的下降总是有一定限度的，下降到一定限度后，货币供应量无论怎样增加，都不会再降低利息，即货币供应量对利率的影响是有限度的。

② 当经济处于剧烈收缩时，扩张性货币政策的有效性会减弱。这已被美国在 20 世纪 30 年代两次经济严重衰退时的情形所证明。因为此时的企业家和居民对前景失去信心，即使政府通过扩张性政策为企业和居民提供贷款的优惠条件，以诱导他们增加投资和消费，但企业会认为自己的库存和厂房设备相对来说过多了，因而不愿意再增加贷款，反而减少库存，缩减生产；而消费者则因害怕失业或减少收入，不会去寻求贷款来购买不动产或耐用消费品，反而力求减少已经欠下的债务。可见如果影响需求决策的其他条件不尽人意，扩张性政策的效力就会被抵消。此外，在比较温和的衰退中，货币供给不断被扩张，将使生产者的投资需求趋于上升，货币需求趋于上升，引起利率提高，反而使企业难以得到贷款，结果使总需求下降。反之，当经济处于通货膨胀时期，总需求大于总供给，为了抑制总需求，就要运用紧缩性货币政策，包括在公开市场上卖出有价证券，提高贴现率并严格贴现条件，提高准备率等。其作用在于减少货币供应量，提高利率，抑制总需求，又被称为“紧缩”银根。

紧缩性货币政策的实施也会被某些因素抵消。首先，在繁荣和通货膨胀时期，人们对前景充满信心，这时即使实施紧缩性政策使货币供应量减少，利息率上升，但企业因预期未来经济看涨，仍会增加投资，这样紧缩性货币政策的效果就要打折扣了。其次紧缩性货币政策可能被货币流通速度的变化而抵消。这个问题对扩张性货币政策也有影响，但对紧缩性政策影响更大。因为对于紧缩性货币政策,人们有抵制心理,所以当政府采取减少货币供应量的各种措施时,公众会通过各种方式更有效地利用现有货币供应量,使货币流通速度加快,这就意味着货币供应量的增加,也影响了货币政策的有效性,尤其是部分抵消了紧缩性货币政策的作用。因为保险公司、证券公司、互助储蓄银行等金融机构吸收了大量存户的储蓄后,经常在寻求投资和贷款机会,结果扩大了货币供应量,这是中央银行无法控制的。

③ 货币政策容易受国际准备金流动的冲击。如果实行紧缩性货币政策,使国内利息上升,会吸引国际准备金流入,从而扩大国内货币供应量。这对扩张性货币政策也有同样影响,会使国内的国际准备金转移到国外利息较高的地方去,减少国内的货币供应量。

12.4 供给管理政策

财政政策和货币政策都是针对总需求变动对国民经济的影响而提出的。但实际上,总供给一方对于整个宏观经济的影响也是很大的。20 世纪 70 年代初,石油价格大幅度上升对经济的严重影响,使经济学家们开始认识到总供给的重要性,通过分析供给对通货膨胀的影响以及劳动市场结构对失业的影响,提出了供给管理政策。

12.4.1 收入政策

收入政策是指通过控制工资与物价来抑制通货膨胀的政策。由于其控制的重点是工资,所以称为收入政策。收入政策的理论基础主要是成本推动通货膨胀理论。根据这一理论,通货膨胀是由于成本增加,特别是由于工资成本的增加而引起的,所以,要制止通货膨胀就必须控制工资增长率,而要有效地控制工资增长率,还应同时控制价格水平。收入政策主要有以下三种:

1. 工资与物价指导线

工资与物价指导线指政府为了制止通货膨胀,根据劳动生产率和其他因素,规定出工资与物价上涨的限度,由于其中主要是规定货币工资的增长率,故又称为“工资指导线”。政府会要求工会和企业根据这一指导线来确定工资增长率和物价上涨率。如果工会或企业违反规定,使工资增长率和物价上涨率超过了这一指导线,政府就要以税收或法律形式进行惩罚。这种措施比较灵活,在 20 世纪 70 年代以后被西方国家广泛采用。

2. 工资-物价冻结

工资-物价冻结指政府采用法律手段禁止在一定时期内提高工资与物价。这种措施一般是在特殊时期(例如战争时期)采用。但在某些通货膨胀严重时期,也可以采用这一强制性措施。例如,1971年8月美国尼克松政府为了控制当时的通货膨胀,就曾宣布工资与物价冻结90天。这种措施在短期内可以有效地控制通货膨胀,但它破坏了市场机制的正常作用,在长期中不仅不能制止通货膨胀,反而还会引起资源配置失调,给经济带来更多的困难。所以,一般不宜采用这种措施。

3. 税收刺激计划

税收刺激计划指政府以税收手段为控制工资增长的一种措施。具体做法是:政府规定货币工资增长率,即工资指导线,以税收为手段来付诸实施。如果企业的工资增长率超过这一指导线,就给以重税;如果企业的工资增长率低于这一规定,就给以减税。但这种计划在实施中会遇到企业与工会的反对。

12.4.2 指数化政策

指数化政策指的是为了消除通货膨胀引起的收入分配变动对经济的不利影响,而定期地调整各种收入的名义价值,使其实际价格保持不变,以对付通货膨胀的政策。指数化政策的措施主要有工资指数化和税收指数化两种。

1. 工资指数化

工资指数化是按通货膨胀率指数来调整名义工资,以保持实际工资水平不变。在经济发生通货膨胀时,如果工人的名义工资没变,实际工资下降,就会引起有利于厂商而不利于工人的收入再分配。为保持工人的实际工资不变,在工资合同中就要确定有关条款,规定在一定时期内按消费物价指数来调整名义工资,这项规定称为"自动调整条款"。此外,也可以通过其他措施按通货膨胀率来调整工资增长率。工资指数化可以使实际工资不下降,从而维护社会的安定。但也有经济学家认为,工资指数化会引起工资成本上升,推动通货膨胀。

2. 税收指数化

税收指数化是按通货膨胀率指数来调整起征点与税率等级。当经济中发生了通货膨胀时,实际收入不变而名义收入增加。这样,纳税的起征点实际降低了。在实行累进税率下,纳税者名义收入的提高使原来的实际收入进入了更高的税率等级,从而使缴纳的实际税金增加。如果不实行税收指数化,就会使收入分配发生不利于公众而利于政府的变化,成为政府加剧通货膨胀的动力。只有根据通货膨胀率来调整税收,即提高起征点并调整税率等级,才能避免不利的影响,使政府采取有力的措施来制止通货膨胀。

3. 利率指数化

债务契约中所规定的利率都是名义利率,名义利率减去通货膨胀率才是实际利率。所以,在名义利率固定的情况下,当发生未预期到的通货膨胀时就会使实际利率下降,从而导致不利于债权人而有利于债务人的结果。这样,在通货膨胀严重时期,一些依靠贷款进行的投资就会大大减少。为了解决这一问题就要对利率实行指数化,即根据通货膨胀率来调整名义利率,以保持实际利率不变。具体做法就是采用"调整利率的抵押贷款",即在债务契约中规定名义利率自动按通货膨胀率进行调整。这样,就可以避免通货膨胀对正常的债务活动与长期投资产生不利影响。

12.4.3 人力政策

人力政策又称就业政策,是一种旨在改善劳动市场结构,以减少失业的政策。

1. 人力资本投资

由政府或有关机构为劳动者投资,以提高劳动者的文化素质、技术水平与身体素质,使之更适应劳动力市场的需求。

2. 完善劳动力市场

失业产生的一个重要原因是劳动力市场的不完善,因此,政府应该不断完善和增加各类就业介绍机构,为劳动力的供求双方提供迅速、准确而完全的信息,使工人找到满意的工作,企业也能得到他们所需要的工人。这样无疑会有效地减少失业,尤其是降低自然失业率。

3. 协助工人进行流动

劳动者在地区、行业和部门之间的流动,有利于劳动的合同配置与劳动者人尽其才,这也能减少劳动力的地区结构和劳动力的流动困难等原因而造成的失业。对工人流动的协助包括提供充分的信息,必要的物资帮助与鼓励,以及有助于劳动力合理流动的优惠政策。

12.4.4 经济增长政策

经济增长政策也是供给管理政策的一种。从长期来看,影响总供给的最重要因素还是经济潜力或生产能力。因此,提高经济潜力或生产能力的经济增长政策就成为供给管理政策的重要内容。

促进经济增长的政策是多方面的,其中主要有以下几点。

1. 增加劳动力的数量和质量

劳动力的增加对经济增长有重要的作用。劳动力包括数量和质量两方面。增加劳动力数量的方法有提高人口出生率,鼓励移民入境等。提高劳动力质量的方法则是以上所讲的增加人力资本投资。

2. 资本积累

资本的增加可以提高资本-劳动比率，即提高每个劳动力资本装备率，发展资本密集型技术，利用更先进的设备，以提高劳动生产率。资本的积累主要来源于储蓄，因此，应该通过减少税收、提高利息率等途径来鼓励人们储蓄。从各国的经验看，大凡储蓄率高的国家，经济增长率也高。

3. 技术进步

技术进步在现代经济增长中起着越来越重要的作用。因此，促进技术进步成为各国经济政策的重点。其中的主要措施有：

① 国家对全国的科学技术发展进行规划与协调。

② 国家直接投资于重点科学技术研究工作。

③ 政府采取鼓励科学技术发展的政策措施。

④ 加强对科技人才的培养。

4. 计划化与平衡增长

现代经济中各个部门之间是相互关联的，各部门之间协调的增长是经济本身所要求的。因此，各国都要制定本国经济增长的短期、中期与长期计划，并通过各种经济政策来实现。

思考与自测

1. 什么是财政政策的“内在稳定器”？其主要内容有哪些，是如何发挥作用的？
2. 财政政策有何局限性？
3. 什么是公开市场业务？这一货币政策有何特点？
4. 收入政策有哪些？
5. 人力政策的含义。

参考文献

[1] 吴怀涛. 经济学基础[M]. 武汉：华中科技大学出版社，2004.
[2] 胡继灵. 管理经济学[M]. 武汉：武汉理工大学出版社，2003.
[3] 田银华. 微观经济学[M]. 长沙：中南大学出版社，2003.
[4] 阚宏. 经济学教程[M]. 第2版. 北京：经济管理出版社，2005.
[5] 李慧凤. 西方经济学[M]. 北京：北京邮电大学出版社，2004.
[6] 周军. 宏观经济学[M]. 武汉：武汉理工大学出版社，2005.
[7] 孙敬水. 计量经济学[M]. 北京：清华大学出版社，2005.
[8] 梁爱丽. 政治经济学原理[M]. 北京：对外经济贸易大学出版社，2005.